L'ANGLETERRE, L'ÉCOSSE ET L'IRLANDE.

Tome quatrième.

Carrick-a-Raid.

L'ANGLETERRE,
L'ÉCOSSE ET L'IRLANDE.

TOME QUATRIÈME.

Lac Catherine

L'ANGLETERRE
L'ÉCOSSE ET L'IRLANDE.

Relation d'un voyage récent dans les trois royaumes

Publiée

PAR St. GERMAIN-LEDUC.

Tome quatrième.

Château d'Édimbourg.

PARIS,
Chez LEVRAULT, Rue de la Harpe, N° 81,
et Rue des Juifs, N° 33 à STRASBOURG.

1838.

L'ANGLETERRE,

L'ÉCOSSE ET L'IRLANDE.

Une promenade dans le pays de Galles.

1.er août.

Encore une lettre d'Anatole, et celle-ci vient à merveille pour compléter mes renseignements. Dans ma tournée j'avais négligé le pays de Galles; voyage que je pensais convenir seulement à un homme qui a du temps et de l'argent à dépenser autant qu'il lui plaît. Anatole vient de faire dans ce pays la promenade ordinaire des touristes: entrée par la vallée de Langollen, au nord de Shrewsbury; ascension au mont Snowden; visite à l'île d'Anglesey, et promenade le long de la côte jusqu'à Chester. C'est son journal que je donne.

La vallée de Langollen l'emporte en beauté sur les sites les plus renommés du Rhin; elle se distingue surtout par l'originalité toute particulière des formes de ses pics, et par les pentes rapides de ses montagnes aux flancs richement boisés; au fond serpente la Dée; les sommets sont couronnés tantôt d'une ruine gothique, tantôt d'une délicieuse habitation de plaisance ou d'une petite ville manufacturière, tantôt enfin de masses de rochers nus et sauvages. Un aqueduc de vingt-cinq arches de la plus élégante proportion rappelle que les Romains ont habité la contrée.

Les montagnes du pays de Galles ont un caractère tout à fait spécial. Leur hauteur est médiocre ; beaucoup ressemblent plus à des nuages qu'à des masses solides. Tel est entre autres le Trivaen, dont la cime est couverte de colonnes basaltiques si singulièrement placées, que tous les voyageurs, en les apercevant, sont convaincus que ce sont des hommes qui viennent de gravir la montagne, d'où ils contemplent au loin le pays qui s'étend à leurs pieds; mais le peuple en a fait les génies des montagnes, condamnés par l'enchanteur Merlin à habiter constamment à cette hauteur.

Les petites maisons de péage aux barrières

sont construites avec goût, en pierre rouge, grossièrement taillée; leur architecture est bien assortie au caractère de la contrée.

Près de Langollen on m'a montré les restes d'un château de druides, où l'on raconte que *Caractacus* se retira après la défaite de *Caer-Caredoc*. En prononçant tous ces noms, ne semble-t-il pas qu'on croasse à l'instar des corbeaux? C'est le cachet de la langue celtique, conservée dans la contrée; langue qui fait un grand usage du *C,* et où la prononciation exige des coups de gosier qu'un étranger ne peut arriver à exécuter.

Inférieurs aux Anglais en énergie et en industrie, inférieurs aux Irlandais en vivacité, les Gallois végètent dans une condition intermédiaire. Ils ont conservé la simplicité de tous les habitants de montagnes, et ne sont ni si grossiers ni si cupides que les Suisses. On vit dans leur pays à si bon marché, que plus d'un Anglais ruiné vient y terminer ses jours. Il y trouve le logement, la nourriture, le droit de chasse et l'usage d'un bidet, pour 50 guinées par an.

Beth-Gellert est le nom d'un village où s'est

conservé la tradition d'une histoire touchante. J'emprunte le récit au prince Puckler.

« Beth-Gellert signifie le tombeau de Gellert: dans la langue galloise, le mot *beth*, par une association d'idées fort poétique, signifie également un lit et un tombeau. Ce Gellert était un lévrier dont l'histoire est touchante.

« Llewellyn le Grand, prince de Galles, avait un chien favori nommé Gellert, la terreur des loups et la joie de son maître. Cependant Llewellyn ayant épousé une jeune et belle femme, le chien, comme de raison, n'eut plus que la seconde place dans son cœur, ce qui n'empêcha pas qu'il ne restât toujours attaché au prince avec une fidélité vraiment canine (car les hommes ne sont pas si bêtes). Les vœux de Llewellyn furent exaucés, et un fils charmant fut le fruit de son hymen. Il fallait, dit-on, que l'enfant suivît partout son père, qui faisait dresser son berceau à côté même du lit où il couchait. Un jour, le prince étant parti pour une grande chasse dans les montagnes, la princesse, légèrement indisposée, n'avait pu suivre son époux; mais celui-ci n'en exigea pas moins que son fils l'accompagnât avec sa nourrice. On avait passé la nuit dans une misérable chaumière, et Llewellyn, étant parti de grand matin pour la chasse, confia pour quelques heures son enfant aux soins de la nourrice et du fidèle Gellert, ne pensant pas qu'il pût courir aucun danger dans la profonde paix dont le pays jouissait. La nourrice, partageant la confiance du prince, profita de son absence pour aller voir son amant; le chien seul remplit scrupuleusement son devoir, et devint par là le sauveur de l'enfant; car un loup, ayant observé la solitude qui régnait dans la cabane, s'en était approché en cachette et regardait déjà l'enfant endormi comme une facile proie, quand Gellert se jeta tout à coup sur lui, et, après un long combat dans lequel il fut lui-même grièvement blessé, il parvint à tuer son ennemi. Nageant dans le sang, il se coucha à côté du berceau et lécha alternativement les petites mains de l'enfant et ses propres blessures. En ce moment Llewellyn paraît; il tient encore à la main son épieu de chasse, et voit avec effroi son fils couvert de sang et le chien appuyé contre le berceau. Saisi en même temps de frayeur et de colère, il ne doute pas que cet animal n'ait tué son enfant, et il lui perce le sein de son épieu. La pauvre bête tourne plaintivement les yeux vers son maître, remue encore une fois la queue comme pour le caresser, et expire avec un cri déchirant.... Mais à peine a-t-il rendu le dernier soupir, que Llewellyn aperçoit le loup étendu sans vie, et son fils qui se reveille et lui tend les bras en souriant. La tradition assure que le dernier cri du fidèle Gellert ne cessa après cela de poursuivre nuit et jour le prince affligé; et pour conserver sa mémoire, il lui fit ériger un tombeau, sur l'emplacement duquel on voit encore aujourd'hui une église gothique. Plus tard il voulut même faire construire son nouveau château sur le rocher de Merlin, mais il ne put jamais parvenir à l'achever; tout ce que l'on bâtissait le jour s'écroulait pendant la nuit. L'enchanteur jaloux n'a jamais permis à personne de s'établir sur ses domaines. »

Aux environs de Beth-Gellert la vallée de Tany-bwich a une grande renommée. Sa plus grande curiosité est un magnifique parc, qui s'étend sur deux montagnes couvertes d'arbres majestueux, entre lesquelles court un torrent qui forme un grand nombre de cascades. Il faut visiter aussi Festingvig et ses célèbres chutes d'eau.

La route vers Tremadoc traverse pendant quelques milles un relai de mer. Un riche particulier, au moyen d'une digue immense, a conquis un terrain fertile de l'étendue d'une belle terre seigneuriale. De cette digue, qui a vingt pieds d'élévation et deux milles de long, on jouit d'une des vues les plus remarquables. A votre droite le terrain conquis forme un hémicycle que borde l'amphithéâtre des montagnes, tandis qu'à votre gauche l'Océan mugit, furieux de s'être vu arracher cette partie de son domaine. La côte se termine, pour les yeux, à une petite distance par un promontoire hardi de rochers, au sommet duquel les ruines de l'ancien château de Harlech s'avancent au-dessus des flots avec leurs cinq tours délabrées; à l'autre extrémité de la digue s'ouvre au contraire une agréable et tranquille vallée, placée sur de hautes montagnes, avec un port petit, mais très-vivant, à côté duquel Tremadoc, conquise elle-même sur les flots, s'appuie contre les rochers.

J'eus le plaisir, non loin de Tremadoc, de faire dans une cabane de pêcheurs un excellent repas de poisson, à la capture duquel j'avais, non pas pris part, mais assisté. Je laisse au plus habile, avant d'avoir vu la *coracle* (c'est le nom que donnent ces bonnes gens à leur barque), de deviner avec quels matériaux elle est construite. La coracle, qui par sa forme rappelle une coquille de noix, est faite tout simplement d'osier et recouverte de peaux ou d'un gros canevas bien goudronné. Comme elle n'a que cinq pieds de long sur quatre de large, elle ne peut recevoir qu'un seul pêcheur; une rame, qu'il agite d'une main, lui suffit pour la manœuvre de son embarcation; de l'autre main il tient ou conduit son filet. Il faut une adresse extrême pour ne pas chavirer; mais cet accident vient-il arriver, en un instant la coracle est remise sur sa quille et le pêcheur remonté dedans. La pêche terminée, mon homme jette sur son dos filet et poissons, se coiffe de sa coracle et se dirige gaîment vers sa cabane la rame à la main. La coracle est ensuite accrochée à côté de la porte. Je défie d'imaginer un mode plus simple d'exécution. La coracle qui se risque toujours fièrement sur les fleuves, se hasarde aussi sur la côte, pour peu que la mer offre de calme. On m'a dit que l'usage de cette nef antique se retrouvait également sur les côtes de la Haute-Écosse et de l'Irlande.

Le mont Snowden a reçu son nom de la neige (*snow*), qui le couvre pendant près de la moitié de l'année. Dans le pays de Galles, qui ne présente pas de montagne plus élevée, on a toujours eu pour le Snowden une vénération toute particulière; les anciens bardes gallois prétendaient qu'il suffisait de passer une nuit sur son sommet pour se sentir inspiré. Les princes gallois n'oubliaient jamais dans leurs titres celui de seigneur du Snowden. Avec peu de peine on gravit cette modeste montagne, dont la forme n'a rien de beau et rappelle l'ignoble forme du pain de sucre. Arrivé sur l'étroit plateau circulaire, on jouit d'une vue immense sur le pays de Galles, sur plusieurs comtés anglais, sur toute l'île d'Anglesey et sur une vaste étendue de mer.

Au pied du Snowden, non loin de la petite église de Llangberris, est ce qu'on appelle la source sacrée, qu'habite uniquement une énorme truite, que depuis plusieurs siècles on signale aux voyageurs comme une curiosité. Il arrive souvent qu'elle refuse de se montrer; aussi, l'apercevoir promptement est regardé d'un favorable augure.

On prend ici, raconte le prince Muskau, d'excellents saumons et d'une manière originale. On leur donne la chasse à l'aide de petits chiens dressés à cet exercice, qui les retirent de la vase, où l'animal se réfugie à certaines époques.

A chaque pas on rencontre des moutons beaucoup plus petits que la race ordinaire; légers comme des gazelles, ils descendent avec rapidité des précipices, où il faut que l'homme renonce à les suivre. Leur laine est très-grossière, mais en revanche leur chair est d'une délicatesse et d'une saveur merveilleuses; les gourmets de Londres les apprécient beaucoup, et soutiennent que tant qu'on n'a pas mangé du mouton de Snowden, on ignore ce que c'est qu'un bon gigot.

Près de Caërnarvon se trouve l'une des plus belles ruines de l'Angleterre, les restes d'un vieux château construit par Édouard I.er, conquérant du pays de Galles, et détruit par Cromwell. Les murs extérieurs, quoique dégradés, présentent cependant une ligne non interrompue, et renferment dans leur enceinte près de trois arpents. La cour intérieure peut avoir environ huit cents pas de long; elle est entourée de sept tours de forme et de grandeur différentes : l'une d'elles est encore accessible, et de sa plate-forme on jouit d'une vue imposante sur la mer, les montagnes et la ville. On montre les décombres d'une salle voûtée où la tradition raconte que naquit le premier prince de Galles, Édouard II.

Les Gallois, se rappelant la tyrannie des capitaines anglais, lors des conquêtes partielles et passagères qu'ils avaient précédemment souffertes, avaient fermement déclaré au roi qu'ils n'obéiraient qu'à un prince né parmi eux. En conséquence Édouard, quoique ce fût au milieu de l'hiver, envoya chercher son épouse Éléonore, qui était enceinte, et lui fit attendre en secret le moment de ses couches dans le château de Caërnarvon : elle mit au monde un prince. Le roi alors convoqua sur-le-champ les nobles et les principaux du pays, et leur demanda solennellement s'ils consentaient à se laisser gouverner par un jeune prince né dans le pays de Galles, et qui ne parlait pas un mot d'anglais. Sur leur réponse affirmative il leur présenta le fils que la reine venait de lui donner, et s'écria en gallois corrompu : *eich dynn!* c'est-à-dire *voici l'homme*, mots qui ont été depuis changés en ceux de *ich diene* (*je sers*), et figurent comme devise dans l'écusson des armes du prince de Galles.

Cette version, adoptée par le prince allemand Muskau, est contredite par une autre version que rapporte son traducteur ; version qui a de plus l'avantage d'expliquer les trois plumes du cimier qui surmonte l'écu du prince de Galles. On dit qu'à la bataille de Crécy, un roi de Bohème aveugle servait dans l'armée française, et pour montrer qu'il s'en faisait gloire, il avait fait mettre sur son bouclier les mots allemands : *ich diene* (*je sers*). Cette bataille ayant été gagnée par le prince noir, fils d'Édouard III, et ledit roi de Bohème y ayant été tué, le prince, pour conserver le souvenir de sa victoire, prit les plumes du casque de ce roi pour cimier de ses armes, et adopta sa devise.

Au-dessus de la principale porte, la statue en pierre d'Édouard, couronne en tête et poignard en main, semble défendre les ruines de son ancien château. La tour où il est né a reçu le nom de tour *des aigles*, parce qu'autrefois son sommet était couronné de quatre aigles de grandeur colossale. On la croit l'ouvrage des Romains.

Le prince Muskau raconte ainsi une visite qu'il fit à une carrière d'ardoises dans les environs de Bangor; cette carrière donne à son propriétaire un revenu de 40,000 livres sterl. (un million de francs).

« Cinq ou six hautes terrasses s'élèvent contre la montagne, toutes fourmillant d'hommes, de machines, de charrettes attachées les unes aux autres par centaines et roulant avec rapidité sur les chemins de fer, de grues pour soulever des fardeaux, d'aqueducs, etc. Je mis beaucoup de temps à ne voir tout cela qu'en passant. Dans une partie éloignée de la carrière on se préparait à faire sauter un rocher par la poudre; il fallut, pour m'y rendre, me coucher à plat ventre dans une des petites voitures de fer qui servent au transport de l'ardoise, et traverser ainsi une galerie creusée dans le roc, de quatre cents pas de longueur sur quatre seulement de hauteur et de la plus complète obscurité. Le passage s'opère par le moyen d'un cabestan. J'éprouvai une sensation peu agréable à me sentir glisser avec une rapidité extrême et à travers des ténèbres égyptiennes, dans cette caverne étroite, hérissée d'une foule de pointes de roc, que j'avais pu distinguer avant de me blottir dans ma voiture. J'avais peine à me défendre de cette idée que si, en dépit de l'assurance tranquille du guide qui me précédait, une de ces pointes venait à me rencontrer, je devais infailliblement arriver sans tête à l'autre bout. Sorti de cette galerie, il me fallut marcher le long d'un précipice, par un chemin qui n'avait guère que deux pieds de large et sans garde-fous. Ce chemin me conduisit à une autre caverne, au sortir de laquelle il ne tint qu'à moi de me croire au centre du chaos. Des murs d'ardoise s'élevaient à plusieurs centaines de pied, et ne laissaient tomber du ciel qu'une lumière semblable à celle d'un crépuscule. Le terrain sur lequel nous marchions était formé de débris des explosions précédentes; au milieu un gouffre béant, de six à sept pieds de large, indiquait un commencement d'exploitation ; au-dessus du gouffre quelques enfants de mineurs s'amusaient à faire des tours à se rompre le cou pour attraper de moi quelque menue monnaie ; tandis que le long des parois à pic étaient partout suspendus les travailleurs, semblables à de grands oiseaux lugubres, frappant le roc de leurs longues barres de fer, et jetant par terre des blocs d'ardoise, qui tombaient avec fracas. Tout à coup la montagne parut s'ébranler, de grands cris, *garde à vous!* se firent entendre de différents côtés : la mine fit explosion. Aussitôt un énorme rocher se détacha d'en haut et vint tomber majestueusement à nos pieds, pendant que la poussière et de petits morceaux de pierre détachés obscurcissaient l'air comme une épaisse fumée, et que le bruit de la chute retentissait au loin comme le roulement du tonnerre. Ces opérations, qui se renouvellent presque tous les jours sur différents points de la carrière, sont si dangereuses, qu'au rapport du directeur lui-même, on compte par an cent cinquante blessés et huit ou dix morts. Un hôpital, fondé pour le seul service de la mine, reçoit les blessés. Moi-même, en me rendant en ce lieu, j'avais rencontré sans m'en douter le convoi d'un homme qui y avait péri le jour précédent; car c'est comme un champ de bataille. Les personnes qui conduisaient le corps étaient tellement parées de fleurs, que j'avais d'abord pris la procession pour une noce; et je frémis lorsqu'en réponse à ma demande, où était le marié? mon guide me montra du doigt, sans parler, le cercueil. En attendant, le directeur m'a assuré que la moitié des accidents est due à l'apathie des mineurs, qui, bien que toujours avertis, ne sont pourtant jamais assez soigneux pour s'éloigner à temps et se tenir à une grande distance de l'explosion. L'ardoise se détachant souvent par fragments plats et très-aigus, ces fragments, lancés avec force, enlèvent le bras, la jambe et quelquefois même la tête des personnes qu'ils atteignent. Comme nous n'étions pas loin du foyer, je profitai de l'avis et je me hâtai de traverser de nouveau l'infernale galerie, pour examiner des travaux plus paisibles. Ces travaux ont beaucoup d'intérêt : ainsi, par exemple, il est impossible de couper du papier avec plus d'exactitude et de rapidité, que l'on ne coupe ici les plaques d'ardoises, que les ouvriers divisent par un seul coup de ciseau en carrés de trois à quatre pieds et aussi mince que du carton. La pierre brute descend des endroits les plus élevés sur des chars semblables à ceux des montagnes russes. »

A différentes époques dans des moments d'urgence, on a fait usage en Europe de ponts suspendus en cordes. En France, par exemple, sous le règne de Charles IX, au siége de Poitiers, un de ces ponts fut jeté sur le Clain ; mais rien ne donne à croire que l'usage de ces ponts ait été habituel.

Le premier pont suspendu et permanent en Europe (car la priorité de cette invention appartient à l'Amérique, ou plutôt à l'Asie, où ces ponts s'exécutent en cordes depuis la plus haute antiquité) fut jeté sur la Tees, à deux milles au-dessus de Middleton. On suppose qu'il a été construit en 1741. Le tablier de ce pont, qui du reste avait peu de portée, s'élevait à 70 pieds au-dessus du fleuve.

Les ponts de ce genre les plus remarquables que possède la Grande-Bretagne, ont été construits depuis 1816. On y a employé d'abord le fil de fer sur plan incliné, qui peut fort bien convenir à des ponts de petite dimension, mais qui pour ceux à longue portée présente de grands inconvénients à cause du balancement et de l'inégalité de la tension. Le capitaine Brown, auteur bien connu du système moderne des ponts suspendus en fer, employa d'abord la chaîne-câble; mais il ne tarda pas à remplacer ces chaînes par des tringles ou barres de fer rondes et d'autres plates, unies entre elles au moyen de boulons et de clavettes, parce que ce système diminuait le frottement et rendait la vacillation moins grande. En 1813 il construisit son premier pont suspendu, qui a 105 pieds de long. Bien que ce pont soit propre au passage de toute espèce de transport, les chaînes de suspension ont été si habilement disposées et ménagées, que leur poids n'excède pas 740 quintaux.

Quelque temps après, M. Telfort construisit le fameux pont de Menay, le plus hardi et le plus élégant de tous les ponts suspendus jusqu'au jour où fut jeté sur la vallée de la Sarine le pont de Fribourg en Suisse. Le pont de Menay ou de Bangor joint l'île d'Anglesey à la côte d'Angleterre; les plus grands bâtiments passent dessous à pleines voiles. Sa longueur totale est de 516 pieds, son tablier est à 100 pieds au-dessus du niveau de la haute mer. Le pont de Fribourg joint les deux sommets qui encaissent la vallée de la Sarine. Sa longueur totale est de 817 pieds; son élévation au-dessus de la rivière qui coule au fond de la vallée, est de 156 pieds. Un savant Genevois, M. de Candolle, a pris dans la ville de Paris des termes de comparaison, qui font concevoir encore mieux le grandiose de cette construction. Qu'on se figure un pont d'une seule arche, dont la longueur serait égale à celle de la grille du Carrousel, ou si l'on veut, à la distance des deux guichets qui correspondent de la galerie du Louvre à l'autre galerie parallèle; qu'on place le tablier du pont à une élévation un peu inférieure à celle des tours de Notre-Dame, ou à 25 pieds plus haut que le sommet de la colonne de la place Vendôme, et l'on aura une idée du pont de Fribourg. La

France peut tirer quelque orgueil de cette œuvre admirable; car c'est un Français, M. Challey, de Lyon, qui en fut l'architecte.

Dans certaines localités où le bois est plus commun que le fer, on a obtenu des résultats fort heureux de la substitution de chaînes composées de tringles en bois, au lieu de barres de fer, pour des ponts suspendus à établir sur des points peu fréquentés, et où l'on n'a pas à craindre le passage de lourdes voitures. A poids égal, la résistance absolue du bois est plus grande que celle du fer, et en outre la main-d'œuvre est moins difficile et moins coûteuse. Le bois, il est vrai, s'avarie plus tôt que le fer, et surtout se lâche davantage. On prévient le premier inconvénient en revêtant le bois de couches successives de peinture à l'huile mélangée de sablon. Quant au second, on a constaté par des expériences que l'expansion du sapin est vingt fois plus grande que celle du fer, à volume égal et sous une charge à supporter semblable. Mais comme dans de telles constructions le sapin ne peut s'employer que sous un volume cinq fois plus considérable que celui qu'on donnerait au fer, il en résulte que les chaînes en bois prêtent seulement quatre fois plus que celles en fer. On a soin en outre de donner aux ponts construits en bois une force supérieure au poids qu'ils doivent réellement supporter. De cette manière les effets d'un trop grand relâchement sont prévenus.

Le véritable point de vue pour considérer le pont de Menay, est sur la grève, à environ cent pas de distance, auprès de quelques cabanes de pêcheurs. On dirait d'un merveilleux bijou en filigrane, qu'une fée se serait amusée à jeter dans les airs. Quand on voit à demi voilée par les chaînes une diligence attelée de quatre chevaux glisser rapidement sur cette arche de 100 pieds de haut et de 600 pieds d'ouverture, on dirait presque une volée d'alouettes prises dans un filet. Des hommes occupés à peindre les chaînes, me firent l'effet de grosses mouches. Le pont a une chaussée et deux trottoirs. Le tablier entier repose sur une grille de fer, de sorte qu'au premier accident qui survient, les planches s'enlèvent facilement et on les remplace par d'autres. Tous les trois ans le fer reçoit une couche de peinture, destinée à le garantir de la rouille. L'architecte à qui l'on doit ce bel ouvrage, s'appelle Telford.

Par l'effet du flux et du reflux, une grande partie du Menay demeure complétement à sec pendant plusieurs heures de la journée, n'offrant alors qu'un sable boueux; c'est peut-être à cette circonstance qu'il faut attribuer les essaims opiniâtres de mouches qui attaquent par milliers les hommes et les animaux, et ne se détachent qu'avec peine de leur proie.

Il faut visiter dans l'île d'Anglesey les célèbres *Parys-mines*. Cette île est en tout l'opposé du pays de Galles. Presque entièrement plate, on n'y voit pas un arbre, pas même de broussailles ou de haies, rien que des champs à perte de vue. Les mines de cuivre, situées près de la côte, sont très-intéressantes. Le minerai se tire de ces cavernes, qui brillent de mille couleurs partout où la lumière du jour y pénètre. Les pierres sont ensuite taillées en petits morceaux et ramassées par tas comme le minerai d'alun, après quoi on y met le feu, et le tas brûle pendant neuf mois. La fumée est en partie utilisée et l'on en tire du soufre.

C'est un singulier phénomène pour les personnes qui ne connaissent pas ces opérations, que de voir au bout de ces neuf mois, pendant lesquels tout le soufre s'est dégagé par l'effet de l'affinité que le feu met en action, le cuivre pur, qui auparavant était répandu dans toute la pierre, rassemblé dans le centre comme une noix dans sa coque. Quand le feu est éteint, le minerai se lave comme celui de l'alun, et l'eau qui en provient est rassemblée dans des mares. La poussière que cette eau dépose, contient encore de vingt-cinq à quarante centièmes de cuivre, et l'eau qui sort après en est tellement imprégnée, qu'une clef de fer que l'on y plonge prend, au bout de quelques secondes, une couleur rouge de cuivre. Le minerai est après cela encore plusieurs fois fondu et ensuite raffiné, et puis taillé en blocs carrés du poids de cent livres, qui se vendent ainsi, ou s'étendent en feuilles pour doubler les vaisseaux. Lors de la fonte, qui présente un beau spectacle, une circonstance extraordinaire se remarque. On fait couler le métal dans un moule de sable, divisé en huit ou dix compartiments en forme d'auges. Les séparations ne sont pas tout à fait aussi hautes que les côtés extérieurs, de sorte que quand le minerai fondu y entre, il faut que le premier compartiment soit plein avant qu'il n'en entre dans le second. Or, ce qu'il y a de singulier, c'est que tout le cuivre pur reste dans le premier compartiment, et que les autres ne sont remplis que de scories qui ne peuvent servir qu'à la réparation des routes. Voici la cause de ce phénomène : Le minerai contient aussi du fer, qui se trouve dans l'état d'aimant. Ce fer retient le cuivre et l'oblige à couler le premier. Or, comme on sait par expérience, à peu de chose près, combien la masse cuite dans le fourneau contient de cuivre, la grandeur du premier compartiment est calculée de manière à ce qu'il puisse le contenir tout. L'avantage qui en résulte est évident, puisque, sans les séparations en question, le cuivre, quoique s'écoulant le premier, se partagerait néanmoins après cela par toute la masse et serait difficile à en retirer.

Outre les pyrites de cuivre, le mont Parys donne du plomb argentifère. Environ 8000 individus vivent de ces mines, qui contribuent beaucoup à la prospérité de l'île. La compagnie qui les exploite a une monnaie particulière à l'usage des ouvriers.

J'ai un halfpenny de cette monnaie faite avec le cuivre des mines : il porte pour effigie la tête d'un druide dans une couronne de chêne.

Le Plas-Newyd est un beau parc appartenant au marquis d'Anglesey, dans l'île de ce nom. Il y faut visiter quelques pierres *druidiques,* sorte d'antiquités que les Anglais désignent sous le nom de *cromlechs.* Ce sont d'énormes pierres, ordinairement au nombre de trois ou quatre, disposées en forme de porte grossière. Il y en a dont la dimension est si colossale, que l'imagination se refuse à comprendre comment, sans les moyens mécaniques les plus compliqués, on a pu les déplacer et les disposer de la sorte.

La situation de Conway est des plus délicieuse. Là se trouve le plus grand des châteaux bâtis par Édouard et détruits par Cromwell. Ses murs d'enceinte, quoique dégradés, sont encore debout avec toutes leurs tours, qui sont au nombre de trente-deux. La ville neuve tout entière, qui offre un mélange de vieux et de neuf assez bizarre, mais cependant agréable, est contenue dans l'enceinte de ces mêmes murs. Sur la rivière de Conway, au bord de laquelle la ville est assise, on a jeté un pont suspendu dont les piliers ont la forme de tourelles gothiques. On voit encore les restes imposants de l'ancien *hall* du château avec ses deux énormes cheminées, et des appartements royaux. Dans le cabinet de la reine on admire un prie-Dieu fort bien conservé et richement travaillé, ainsi qu'une fort belle fenêtre cintrée. La ville présente plusieurs anciens édifices très-remarquables, remplis de bizarres sculptures en bois. On apprend d'une pierre tumulaire qui se trouve dans l'église, qu'une de ces maisons a été bâtie dans le quatorzième siècle par le nommé Hookes, qui était le quarante et unième fils de son père, exemple assez rare dans la chrétienté. En conséquence on voit répété dans tous les recoins de la maison un grand enfant au maillot porté par une cigogne, sculpté comme ornement dans la boiserie.

Je ne connais pas de pays où la manie du gothique soit poussée si loin. Un cabaret situé sur la route qui conduit à Saint-Asaph était garni de herses, de meurtrières et de créneaux. Une montagne tout entière semble de loin couverte d'une ville gothique. Vous approchez, et vous reconnaissez que le noyau de tout cela est une maison petite et insignifiante; le reste se compose de murs élevés sur le penchant de la montagne, représentant ici des tours, là des toits ou des créneaux, mais en réalité ne servant qu'à clore des jardins potagers.

J'avais couché à Conway. Puisque vous voici à l'embouchure de la Conway, me dit le matin mon hôte, vous ne pouvez partir sans avoir fait connaissance avec nos pêcheries de perles. — Vraiment oui, reprit un autre interlocuteur, dont la physionomie quelque peu pédante trahissait un magister de village. L'histoire rapporte qu'un des motifs les plus puissants qui engagèrent César à accomplir la conquête de la Grande-Bretagne, fut la grande quantité de perles qui se pêchait sur ses côtes ou, pour parler plus exactement, dans ses rivières. Comme je souriais d'un air d'incrédulité, l'homme docte ajouta : Vous concevez que je ne vous donne cette assertion que sous la responsabilité des auteurs anciens et non pas sous la mienne propre. Heureusement, pour m'aider à vous convaincre, l'histoire moderne me fournit d'autres exemples. Un chambellan de la reine, femme du roi Charles II, lui présenta une perle qui avait été trouvée dans la Conway, et jusqu'à ce jour, monsieur, ladite perle n'a pas été jugée indigne de figurer sur la couronne royale. Dans le dernier siècle on en pêcha plusieurs dans les rivières des comtés de Tyrone et de Dunnegal en Irlande. L'une d'elles, qui pesait 36 carats, fut estimée 40 liv. sterl. (1000 fr.), d'autres furent vendues à des prix divers, 4 liv. sterl., 10 liv. sterl. Je vous en citerai une qui fut achetée et placée dans un collier par lady Glenlealy, laquelle dame en a refusé 80 liv. de la duchesse d'Ormond. Les Écossais ont eu aux environs de Perth une pêcherie assez considérable. De 1761 à 1789 elle a donné plus de 10,000 liv. sterl. de bénéfice ; mais l'entreprise a été conduite avec si peu de soin, que la pêcherie se trouva bientôt épuisée. L'embouchure de la Conway est aujourd'hui le seul point où cette industrie trouve à s'exercer. C'est une moule qui donne la perle, et cette moule appartient à la famille désignée par les naturalistes sous le nom de *Unio margaritifera*.

Je profitai du renseignement, et l'estomac lesté d'un bon déjeûner, je m'acheminai vers le lieu désigné.

Aussitôt que la marée est basse, des bateaux à rames se dirigent vers l'embouchure du fleuve, et les pêcheurs qui les montent jettent leurs filets et entassent les coquilles jusqu'à ce que la marée trop haute mette obstacle à leur travail. De retour dans leurs cabanes, ils précipitent les moules dans une grande chaudière pour les faire ouvrir et en retirer la chair, qui est ensuite jetée dans un baquet où plusieurs personnes la foulent aux pieds, jusqu'à ce qu'elle soit réduite en pulpe. On verse de l'eau sur cette espèce de pâte, pour séparer les substances animales des parties les plus pesantes, composées de sable, de petites pierres et des perles, qui demeurent au fond. Après plusieurs lavages, et lorsque les parties animales ont entièrement disparu, on fait sécher le sédiment sur un large plateau en bois, d'où les perles sont enlevées avec une plume. Lorsqu'on en a recueilli quelques onces, on les porte chez un commissionnaire, qui les paye, quoique tout à fait brutes, de 2 à 4 schellings (2 fr. 50 c. à 5 fr.) l'once.

Ces perles, connues en Angleterre sous la dénomination de *semences de perles,* sont vendues dans le commerce, lorsqu'elles ont été préparées et assorties, de 5 à 8 liv. sterl. l'once (125 à 200 fr.). Les joailliers les emploient à divers ornements, tels que colliers, bracelets, garnitures de montres, etc. Celles qui se distinguent par une belle eau ou un peu plus de grosseur, se vendent naturellement à un prix plus élevé. On cite un marais alimenté par les eaux de la Conway et à douze milles au-dessus de son embouchure, où il n'est pas très-rare de recueillir des perles de la grosseur d'un pois, et qui se vendent jusqu'à une guinée la paire.

L'église de Saint-Asaph possède de fort beaux vitraux peints modernes. A plusieurs milles et sur le sommet d'une haute montagne se trouve une sorte de petite chapelle, à laquelle on donne dans le pays une assez bizarre destination : on l'appelle le tabernacle du roi. Quand un homme prend l'engagement de rester sept ans sans se laver, sans se couper les ongles et sans se faire la barbe, il obtient la permission d'y demeurer, et à l'expiration des sept années il a le droit d'aller à Londres, et le roi est obligé de l'équiper et d'en faire un gentleman. Le fait est, que cette maison a été bâtie aux frais de la province pour célébrer la cinquantième année du règne de George III, et que depuis ce temps elle est inhabitée : un plaisant ayant à la même époque offert une somme considérable à la personne qui consentirait à remplir les conditions susdites dans une taverne qui lui appartenait, le peuple a confondu les deux histoires l'une avec l'autre, et a rattaché l'idée de cette épreuve avec le tabernacle du bon roi George.

Ce qui vaut mieux à visiter que la cabane, ce sont les ruines du château de Denbigh, qui sont très-pittoresques, et où les gentlemen de l'endroit ont eu l'idée romantique de placer leur casino, entouré d'un fort joli parterre de fleurs.

Holywell, jolie ville manufacturière, a reçu son nom, signifiant puits ou fontaine sainte, d'une source abondante d'eau fraîche et limpide qui jaillit du pied d'un rocher et se rend par un charmant vallon à la mer. On l'appelle la source de Sainte-Winifrède, parce que, d'après la légende, la fille d'un seigneur du pays, au septième siècle, ayant été poursuivie et mise à mort par un prince barbare dont elle refusait de satisfaire les passions impétueuses, ce tyran fut englouti par la terre, et la source jaillit à l'endroit où il avait versé le sang de sa victime; celle-ci fut mise ensuite au nombre des saintes. Le puits de Sainte-Winifrède devint l'objet d'un culte très-fervent; on bâtit une chapelle, et tous les ans, à la fête de la sainte, une foule de pèlerins affluèrent à la source, à laquelle on attribue des qualités salutaires. Aujourd'hui encore on voit arriver des gens qui font leurs dévotions au puits et pratiquent certains usages, en faisant plusieurs fois le tour du bassin, ou entrant dans l'eau pendant qu'ils sollicitent la guérison de leurs maux. L'eau de la fontaine est bonne, et sans miracle elle peut devenir salutaire. Selon la légende, il paraît des taches rouges sur les pierres de la source le jour de la fête, en commémoration du meurtre commis sur la sainte. Ces taches ne proviennent que d'une plante aquatique.

Quelques traditions galloises.

4 août.

Le pays de Galles, cette province reculée de la Grande-Bretagne, où l'on trouve une autre langue, d'autres sentiments, et en partie d'autres mœurs et usages, ne contient que six cent quarante mille habitants, et peut-être n'était-il pas toujours aussi peuplé; mais il a eu plus longtemps que de grands États, son gouvernement et son indépendance; les vainqueurs n'ont jamais pu lui imposer leur langue. Son caractère national est encore fortement empreint dans les générations qui naissent; et quoique soumis et réuni à un grand empire depuis cinq siècles et demi, le pays de Galles demeure toujours un État particulier, que l'on ne peut confondre avec les autres provinces de la Grande-Bretagne; avantage d'autant plus glorieux pour les Gallois, que l'Angleterre, dix fois plus grande, a subi, dans le même intervalle de temps, d'abord la loi des Romains, puis celle des Saxons et Danois, enfin celle des

Normands, et a deux à trois fois changé ou altéré son langage.

Les traditions galloises ont conservé la mémoire d'un prince, Houel le Bon, qui réunissait sous sa loi tout le pays de Galles, plus d'un siècle avant la conquête de l'Angleterre par les Normands.

Les mœurs de la cour d'Houel le Bon sont assez curieuses pour que je les rapporte ici. J'emprunte l'extrait que M. Depping a donné, il y a une dizaine d'années, d'un ouvrage sur cette matière dans son joli Voyage en Angleterre.

« Vingt-quatre personnes composaient le service de la cour galloise : c'étaient le grand maître de la maison, le chapelain, l'intendant, le juge du palais, le fauconnier, l'intendant de la reine, le barde domestique, l'huissier, le crieur, le page, le portier, le sommelier, le médecin, le *troediawg*, etc. J'expliquerai plus bas ce dernier terme. Tous ces officiers avaient un cheval de la cour, leurs terres étaient franches, et ils recevaient à Noël, à Pâques et à la Pentecôte, du roi, les vêtements de laine, et de la reine, le linge dont ils avaient besoin.

La reine recevait le tiers des revenus fonciers du roi. Quiconque faisait une insulte au roi, soit en attaquant les personnes qu'il protégeait, soit en tuant un de ses gens en sa présence, soit en manquant à sa femme, donnait pour amende, d'abord une baguette d'argent avec trois pommeaux au bout, et assez longue pour atteindre, depuis la terre, la face du roi assis dans son fauteuil, et aussi épaisse que le doigt auquel le roi mettait sa bague; puis un vase en or, de la capacité de ce que boit le roi, et aussi épais que l'ongle d'un paysan qui a labouré pendant sept ans, avec un couvercle en or assez large pour couvrir la face du roi, et de l'épaisseur du vase. En sa qualité de lord de Dinevor, le roi recevait autant de vaches blanches qu'on en pouvait mettre à la file, l'une touchant la queue de l'autre, depuis Argoel jusqu'au palais de Dinevor. La mort du roi était punie du triple de l'amende statuée pour une insulte. On sera surpris que l'assassinat du prince n'entraîne pas le dernier supplice. En général la peine de mort n'est décernée en aucun cas dans tout le code d'Houel, et jamais on n'a fait des lois moins sanguinaires; cela tient, je crois, aux idées qu'on attachait au droit de composition ou de compensation, tel qu'il existait dans les temps barbares chez beaucoup de peuples non policés. On croyait expier les plus grands crimes en cédant des objets auxquels l'esprit grossier de ces peuples attachait le plus haut prix. Mais continuons de passer en revue les dispositions les plus remarquables de la charte d'Houel le Bon.

« Une insulte faite à la reine se payait le tiers de ce qu'il en coûtait pour insulter le roi. Cette insulte avait lieu lorsqu'on injuriait son droit de protection, lorsqu'on la repoussait en colère, ou lorsqu'on lui arrachait quelque chose des mains. Il fallait que la reine de Galles fût en rapport avec de grands rustres.

« Le roi était obligé de défrayer l'héritier présomptif, dont la place à table était vis-à-vis le prince, entre le juge et le chapelain, de l'autre côté du feu ; aux trois grandes fêtes, il recevait des provisions extraordinaires. Une insulte faite à l'héritier présomptif se payait comme celle du roi, l'or et l'argent exceptés.

« Chaque officier de la cour possédait un droit de protection. Celui de la reine consistait à pouvoir faire sortir quelqu'un du pays sans aucun obstacle et aucune poursuite; celui du grand maître, à faire sortir quelqu'un des limites du *commot;* celui du chapelain s'étendait jusqu'à la plus prochaine église; celui du fauconnier, jusqu'au vol le plus éloigné que prenait son faucon pour tuer des oiseaux; celui du juge durait depuis la première cause qu'il écoutait jusqu'à la dernière; celui du barde consistait à pouvoir conduire une personne saine et sauve jusqu'au grand maître d'hôtel; celui du crieur durait depuis le premier cri de silence jusqu'au dernier; la protection de l'huissier était de pouvoir envoyer une personne de la longueur de son bras et de sa baguette jusqu'au portier, obligé de la recevoir; la protection du portier était de pouvoir garder une personne jusqu'à ce que le maître d'hôtel rentrât chez lui; dès lors le fugitif pouvait se promener sans être molesté, jusqu'à ce que la dernière personne eût quitté la cour.

« La protection du page consistait à pouvoir défendre une personne depuis le moment où il allait ramasser du jonc, jusqu'à ce qu'il eût achevé de faire le lit du roi. Il paraît que sa majesté galloise couchait sur un lit de jonc, sur lequel on étendait quelque drap ou autre étoffe.

« Ainsi, depuis la reine, dont le sauf-conduit allait aux limites du royaume, jusqu'à l'huissier qui protégeait le long de sa baguette, et jusqu'à la blanchisseuse, qui protégeait aussi loin qu'elle pouvait jeter son battoir, tout le monde avait le droit, à la cour, de protéger un mauvais sujet. Le troediawg même n'était pas un personnage à dédaigner ; il protégeait depuis le moment où il se mettait sous les pieds du roi, jusqu'à celui où il allait dans sa chambre. Il faut savoir que l'office du troediawg, qui n'appartient qu'à la cour de Galles, était de se mettre sous les pieds du roi, de les tenir et de les chauffer pendant le dîner, et de lui gratter la tête après le dîner, pour l'endormir. C'était un plaisant officier que ce troediawg ! on ne se doutait pas qu'on pût le remplacer par une chaufferette.

« Une insulte faite au chapelain, à l'intendant, au juge, fauconnier, premier valet, barde domestique et au page, s'expiait par neuf vaches et neuf douzaines de deniers d'argent ; un meurtre fait sur leur personne, par neuf cent neuf vaches. Quiconque insultait les autres officiers, le maître d'hôtel excepté, qui était au-dessus de tous, payait six vaches et six douzaines de deniers.

« Le maître d'hôtel logeait dans la plus grande maison de la ville. A chaque banquet, la reine lui présentait un cornet rempli d'hydromel ; dans les expéditions il avait sa part des dépouilles ; aux trois grandes fêtes il avait droit au vêtement du roi. Il soutenait l'honneur royal dans l'absence du prince, et les officiers étaient obligés de le servir comme si c'était le roi. On ne pouvait rien faire sans son avis, et il pouvait exiger une chanson du barde domestique, toutes les fois qu'il lui plaisait.

« Le chapelain était une des trois personnes qui, dans l'absence du roi, le remplaçaient : il avait un tiers de toutes les dîmes du prince, et à Pâques il recevait le vêtement dans lequel le roi avait fait pénitence en carême. L'intendant ou bailli distribuait ce qui revenait à chacun des vingt-quatre officiers, et assignait à chacun sa place ; il percevait vingt-quatre pences de chaque officier de vivres qui entrait en charge, et il avait droit au *gobyr* ou *amobyr* des filles des baillis du pays.

« L'amobyr était un droit que le seigneur prélevait sur les filles vassales, lors de leur mariage, pour avoir protégé leur innocence, à ce que prétendent les auteurs gallois.

« En automne l'intendant recevait du premier chasseur la peau d'une bête fauve, afin d'en faire des sacs pour garder les coupes et cornets du roi. On buvait alors dans des coupes appelées *hirlas*, souvent artistement montées et sculptées, comme dans la Scandinavie. Le juge du palais prononçait sur les priviléges et devoirs de tous les officiers de la cour; il recevait vingt-quatre pences de toute personne dont il expliquait les devoirs et priviléges. Personne ne pouvait être juge, à moins de connaître les trois canons de la loi et la valeur des animaux.

« Voilà de singulières connaissances exigées des juges du palais du roi gallois; mais on cessera de s'en étonner, lorsqu'on se rappellera que toutes les satisfactions se payaient en bétail, et qu'ainsi le juge avait sans cesse des estimations de bestiaux à faire; il était donc naturel qu'il eût un peu les connaissances et le tact d'un marchand de bœufs. Il fallait que les vaches fussent excessivement communes, puisqu'elles ne sont évaluées, dans les lois d'Houel, qu'à quarante-huit deniers, tandis qu'une ruche est portée à deux schellings. On prétend que cela tenait à l'espèce de respect que les Gallois avaient pour les abeilles, et à l'utilité du miel pour leur boisson favorite, l'hydromel.

« Le juge du palais, suivant le code, avait de tout temps droit à un voile de lin de la part de la reine. Il est probable qu'en siégeant il avait la tête couverte d'un voile, peut-être par la raison qui faisait juger l'aréopage dans l'obscurité, pour n'être pas séduit ou entraîné par la vue des coupables.

« Le fauconnier était un personnage important dans une cour dont le principal divertissement était la chasse, et qui peut-être en vivait en partie. Dans les temps barbares, la chasse, si analogue aux goûts régnants, a d'ailleurs une importance que nous avons de la peine à concevoir. Aussi le code accordait au fauconnier des prérogatives vraiment étonnantes : le jour où son épervier tuait un butor, un héron ou un courlieu, le roi lui rendait trois services, savoir : tenir l'étrier pendant que le fauconnier descendait de cheval, tenir le cheval pendant que le chasseur allait à la recherche des oiseaux, et tenir encore l'étrier pendant que le fauconnier remontait à cheval. Il ne pouvait vider, dans la salle du banquet royal, que trois coupes, de peur que pendant son ivresse ses éperviers ne fussent négligés. Depuis le moment que le fauconnier mettait les faucons en cage, jusqu'à celui où il les en tirait, il n'était obligé de répondre à aucune réclamation quelconque que l'on pouvait lui adresser. Une fois par an il recevait un régal des *taiogau*, ou vilains. De chaque ville vassale il recevait quatre pences ou une brebis sèche, pour la nourriture de ses éperviers. Le jour où le fauconnier avait tué quelque noble oiseau, le roi était obligé de se lever pour le recevoir; ou s'il ne se levait pas, il fallait qu'il lui donnât le vêtement qu'il portait sur lui.

« Je passe les autres officiers du palais pour arriver au barde domestique. Le barde recevait une part dans les bestiaux enlevés à l'ennemi; aussi, lorsqu'il y avait combat, il était obligé de chanter, à la tête de la troupe, le *Unbenaeth Prydain*. C'était un chant national, dont les premiers mots signifient monarchie de Bretagne.

« Il recevait une harpe du roi et un anneau de la reine lorsqu'il entrait en office : la harpe ne devait jamais le quitter. Quand la reine voulait entendre une chanson dans sa chambre, il était obligé de lui chanter trois couplets ; si elle voulait l'entendre dans la salle du banquet, il se mettait de côté, et chantait doucement et sans musique, de manière à ne point troubler l'assemblée. Il paraît qu'on y gardait un profond silence, comme dans un couvent; car l'huissier avait la faculté de mettre à l'amende quiconque y faisait le moindre bruit. Outre ce barde domestique il y avait encore un *pencerdd,* ou chef du chant, investi, à ce qu'il paraît, du département de la musique de la cour : c'était un barde sous un autre nom; il avait à chanter à table, d'abord la louange de Dieu, puis celle du roi. Il recevait de chaque menestrel, à la fin de son apprentissage, vingt-quatre pences; il levait un droit de virginité sur les filles de tous les menestrels, et de plus, il recevait quatre pences de toute femme qui avait eu commerce avec des hommes sans être mariée. Le pencerdd avait droit d'asile à la cour, depuis le temps où l'on commençait à chanter, jusqu'à la fin du chant, et il coûtait six vaches pour avoir insulté ce personnage.

« On voit qu'à la cour chaque officier était une autorité; et quoique ce fût une cour très-mesquine, cependant il ne manquait rien à ceux qui y étaient attachés. Hors de là, nous trouvons le système féodal en pleine activité. Il y avait d'abord des hommes francs, qui avaient un droit héréditaire à la possession des terres qu'ils cultivaient, et étaient tenus à certains services et redevances; ils cultivaient une partie des terres royales, nourrissaient les chevaux et les chiens du roi, et donnaient une quantité fixe de grains, viande ou pièces de bétail. Une réunion de douze de ces francs tenanciers ou *gavels* était surveillée toujours par un bailli, appelé *Maer-y-Biswail;* sa demeure, *Maer-Drev,* était bâtie à côté des *gavels;* il y a encore beaucoup de lieux en Galles qui ont conservé cette dénomination. Auprès de la douzaine de gavels, il y avait douze petits clos cultivés par des *gardd-wyr* ou vilains. Ceux-ci étaient serfs : ils ne se vendaient pas en guise de bétail comme en Russie; et quoique pauvres et misérables, ils avaient pourtant encore de la liberté; mais ils ne pouvaient ni s'instruire, ni entrer dans la classe des bardes, ni même apprendre le métier de forgeron sans la permission du seigneur; ils ne lui échappaient qu'en embrassant l'état ecclésiastique. Ils ne pouvaient non plus vendre, sans sa permission, leur étalon, leur miel et leurs porcs.

« Il y avait des justices seigneuriales; mais dans les différends relatifs aux héritages et aux limites territoriales, on s'adressait à la cour du roi. Au reste, le prince n'avait pas de pouvoir sur les terres des barons ou petits princes. Il paraît qu'un certain nombre de francs tenanciers étaient appelés pour former un jury.

« Dans divers cas, les vassaux du roi étaient obligés de se réunir auprès du roi toutes les fois qu'il les convoquait; mais il ne pouvait les conduire à la guerre, hors du pays, qu'une fois par an; il levait sur chaque bourg vassal un homme, un cheval et une hache; mais il défrayait les hommes et les chevaux.

« Jusqu'à l'époque de la perte de leurs droits et coutumes, les Gallois partageaient les successions en portions égales entre tous les enfants, et n'accordaient point de suprématie à la primogéniture, comme en Angleterre. »

Entrée en Écosse.

5 août.

Il était six heures du matin, quand je sortis de Newcastle, assis sur la banquette extérieure d'un stage. Devant nous s'ouvrait une plaine immense, que couvrait un brouillard si blanc, si compacte, qu'on aurait pu le prendre pour une nappe de neige étendue sur la campagne; comme cependant le voile ne s'élevait qu'à quelques pieds au-dessus du sol, notre œil, au milieu du reste de l'atmosphère demeuré pur, distinguait dans l'éloignement les sommets grisâtres des premières montagnes de l'Écosse.

Nous avions fait environ vingt milles, lorsque le terrain commença à se relever en ondulations légères; puis aux collines succédaient des montagnes, qui, malgré leur forte masse, ne présentaient encore cependant que des formes peu accidentées et des plans peu inclinés. Nous traversions fréquemment des nuages, ou plutôt des vapeurs qui s'élevaient du fond des vallées. Ce n'étaient pas des brouillards opaques comme ceux de nos climats, mais une rosée légère flottant dans l'atmosphère, et reflétant les rayons du soleil; un voile de gaze jeté sur la nature, et répandant sur tous les objets une indécision de couleur et de formes, qui plongeait l'âme dans une douce mélancolie.

Comme a dit un spirituel écrivain qui a visité l'Écosse il y a peu d'années, M. de la Buzonnière, tel est le beau côté des vapeurs Ossianiques, si chères à tous les bardes du Nord. Par malheur pour moi, qui suis assez frileux, et qui affectionne avant tout le soleil du midi, ces vapeurs font aux épaules l'effet d'un manteau de frimas; je me sentais tout transi. Mes compagnons de voyage, qui en leur qualité d'indigènes auraient dû supporter le fléau avec plus de résignation, se mirent, comme moi, à greloter sous la double enveloppe de serge qui les recouvrait de la tête aux pieds, et derrière l'épais rempart de leur large cravate, qui leur enveloppait le menton et même le nez jusqu'aux yeux. Aussi, quand notre cocher écossais, quittant pour la première fois la pose, qu'il avait prise depuis le premier relais, se retourna vers nous avec une figure solennelle, et prononça d'un ton grave ces mots : « L'Écosse, messieurs! » pas une de nos voix ne se trouva en état de faire écho à la sienne; son orgueil national se figura sans doute que nous demeurions stupéfaits d'admiration : c'était tout simplement le froid qui nous avait pétrifiés.

Et pourtant le spectacle méritait d'être contemplé, bien qu'eût disparu le sol d'Angleterre, si verdoyant et si riche par la culture. De vastes collines couvertes de bruyère s'étendaient à perte de vue; de grands bois de mélèzes descendaient sur leurs flancs ; des moutons sans berger, et quelques chèvres à demi sauvages, étaient les seuls êtres vivants qui s'offrirent à nos regards. Dans un trajet de plusieurs lieues je ne me rappelle pas avoir aperçu d'autre habitation qu'une misérable hutte, perdue au fond d'une vallée, et construite en rocailles: des faisceaux de bruyère servaient de toit. Une femme, les cheveux en désordre, se tenait sur le seuil ; ses enfants, retranchés derrière le jupon maternel, nous accompagnèrent longtemps de leurs regards craintifs et prolongés.

La petite ville de Jedburg, la première que

l'on rencontre sur le sol écossais, est en harmonie parfaite avec le pays que l'on vient de traverser. La laideur des rues ne peut se comparer qu'à la malpropreté des habitants, et l'importunité des mendiants ne cédait qu'à la brutalité du cocher, qui les écartait à coups de fouet.

Cette route, qui, pour entrer en Écosse, traverse le nord-ouest du Northumberland, a reçu depuis l'année 1820 une amélioration importante par le pont suspendu qui a été jeté sur la Tweed auprès d'Haygerson. L'ouverture de ce pont fut accompagnée d'une circonstance singulière : un bal fut donné sur le pont même. Si les habitants de la contrée sont pauvres et sales, ils ont du moins de la gaîté; comme a dit notre Béranger :

<blockquote>Les gueux, les gueux
Sont des gens heureux.</blockquote>

En relisant la Promenade en Écosse de Charles Nodier, j'ai regretté de n'avoir pas suivi comme lui la route qui, pour entrer en Écosse, longe le bord de la mer et passe par Berwick. La meilleure partie de mes regrets était pour Alnwich, où se trouve un admirable château appartenant aux ducs de Northumberland. Toute la vaste étendue du vieux monument est couronnée de créneaux, et chacun des créneaux porte la statue d'un chevalier armé en guerre, dans les attitudes variées du combat. Ce précieux monument d'antiquité a été restauré souvent, mais avec une fidélité si exacte, qu'il n'a rien perdu de sa physionomie primitive.

Édimbourg.

9 août.

« Indépendamment, a dit M. Nodier, des institutions politiques et littéraires, qui font d'Édimbourg une des villes les plus intéressantes de l'Europe moderne, et des monuments ou des souvenirs qui lui donnent le droit de rivaliser avec les villes les plus célèbres de l'Europe ancienne, il semble que le le nom d'Athènes du Nord, qui ne lui est pas contesté, soit pour elle un privilége de localité, fondé sur des ressemblances topographiques très-sensibles. La ville d'Édimbourg est séparée de la mer par une voie droite de la même figure et de la même longueur que celle qui conduit d'Athènes au Pirée : c'est le faubourg de Leith. Elle embrasse dans son enceinte une montagne surmontée d'une forteresse ou citadelle antique, qui rappelle l'Acropolis : c'est le château d'Édimbourg. Arrivé à cette cime majestueuse, et distrait par je ne sais quels sentiments, je n'ai rêvé qu'Athènes et j'ai cherché le Parthénon.

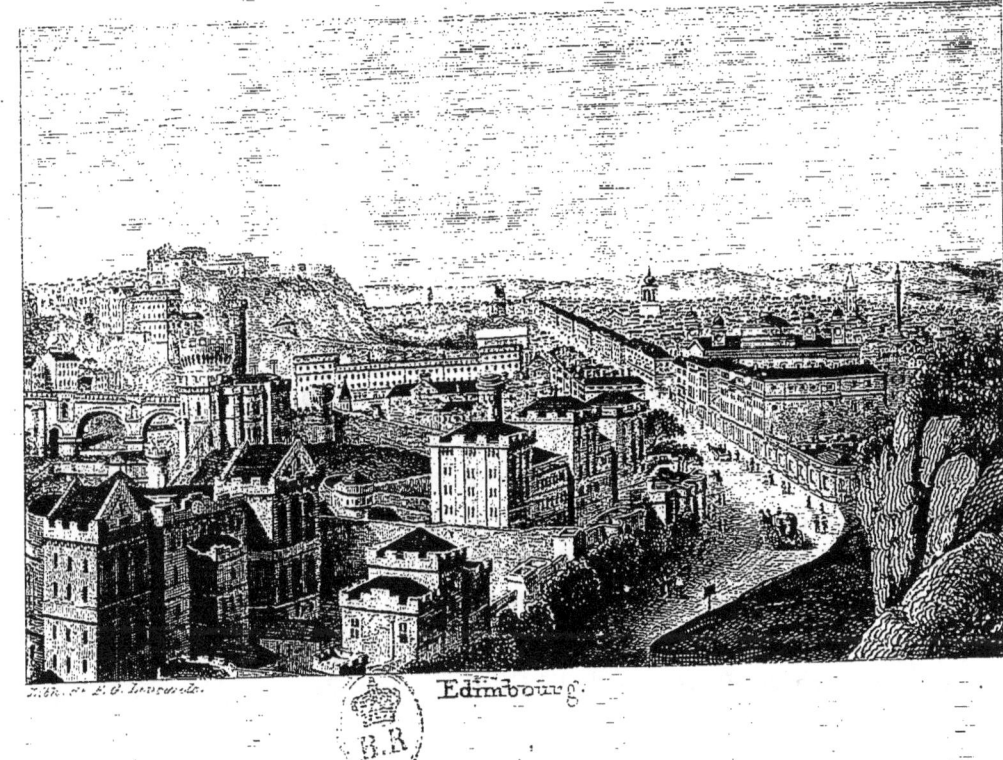
Edimbourg.

« A quelque distance s'élève une autre montagne, aussi enclavée dans les murailles de la ville, et sur laquelle on va visiter le monument de Hume et celui de Nelson. De là, les yeux tournés vers le château, on est placé entre deux villes très-distinctes, également remarquables : à gauche, la vieille ville, noire et sévère comme les constructions d'un fort des temps chevaleresques; à droite, la ville neuve, blanche et brillante comme une enceinte de palais. Les maisons y sont beaucoup plus élevées que celles de Paris, les rues beaucoup plus larges que celles de Londres, presque toutes tracées au cordeau, comme celles de Turin, et il y en a quelques-unes qui ont un mille. La plupart sont construites d'ailleurs d'une pierre blanche, étincelante de mica, et quand le soleil frappe sur leurs paillettes spéculaires, on croirait tous les édifices marquetés de diamants. »

A l'époque où l'Écosse, divisée en un grand nombre de tribus ou *clans*, obéissait à des chefs indépendants et souvent armés les uns contre les autres, chacun de ces petits souverains sentit le besoin de concentrer ses forces sur un point de difficile accès, et les sommets des rochers se hérissèrent de forteresses. C'est ainsi que le sommet du rocher d'Édimbourg, protégé, au nord et au midi, par deux profonds ravins, devint un lieu de défense; le chemin qui y conduisait se couvrit d'habitations, et peu à peu fut fondée une ville, à une époque si reculée que l'histoire n'en a pu conserver la date.

Vers la fin du seizième siècle elle ne se composait encore que d'une rue principale, qui s'étendait du château à l'abbaye Holy-Rood, et de quelques ruelles adjacentes; mais au commencement du siècle suivant, après la réunion de l'Écosse à l'Angleterre, un nouveau quartier s'étendit au midi de la ville.

En 1767 la population avait pris un tel accroissement, que les magistrats obtinrent par acte du Parlement l'autorisation de bâtir une ville nouvelle au delà du ravin septentrional. Une esplanade de plusieurs milles d'étendue, avec une pente légère vers le nord, offrait une position des plus favorable à ce projet, et le génie de Jacques Creig conçut et exécuta en quelques années le plan d'une ville, qui passe à juste titre pour une des plus belles et des plus régulières qu'il y ait au monde.

Les familles nobles et riches émigrèrent à l'instant de la vieille ville dans la nouvelle, et la classe prolétaire s'installa dans les vieux hôtels qu'elles venaient de quitter. Un chaudronnier occupa l'hôtel du lord-président Dundas; celui du duc d'Errol fut transformé en un cabaret; celui du duc de Douglas reçut un atelier de charron. Les mœurs changèrent avec la physionomie de la ville. Quelques années avant, on ignorait jusqu'au nom même des professions de parfumeur, de coiffeur, de mercier, etc.; un parapluie était un objet de luxe et de curiosité, et les femmes d'une haute condition osaient seules prendre un maître à danser; mais dès l'année 1783 il y eut des parfumeurs et des coiffeurs en renom; on établit des écoles de danse pour les filles de chambre; et, ce qu'un vieil Écossais m'apprit en haussant les épaules, les hommes eux-mêmes commencèrent à se servir de parapluies. La population s'est constamment accrue depuis cette époque. En 1811 elle était de 102,000 habitants; aujourd'hui il y en a au delà de 140,000.

Holy-Rood.

10 août.

En ma qualité de Français, Holy-Rood devait avoir ma première visite; car Holy-Rood, jadis la demeure de la presque française Marie Stuart, a deux fois servi d'asile à la famille des Bourbons, précipitée du trône. C'est à peu près une résidence royale française.

Tout en cheminant vers le vieux monument, un compagnon de voyage me fit le récit suivant : Le roi d'Écosse David Ier était d'une piété plus sincère qu'éclairée. Or, un jour de l'année 1128 il chassait dans sa forêt de Drumsheuch près d'Édimbourg. Tout à coup le cerf, qui était d'une taille énorme, cesse de fuir et vient faire tête au monarque engagé dans une étroite allée. L'écossais David était moins belliqueux que le grand David des Hébreux; il songeait prudemment à la retraite, lorsqu'une croix miraculeuse descendit du ciel et vint se placer dans sa main. On devine aisément que le cerf, revenu à son naturel timide, prit aussitôt la fuite. Le roi rentra au château en chantant des hymnes d'actions de grâces, et la nuit suivante il reçut du ciel, pendant son sommeil, l'ordre de fonder une abbaye de chanoines réguliers et de la nommer *Holy-Rood*, c'est-à-dire Sainte-Croix, en mémoire du miracle auquel il devait la vie. Quoi qu'il en soit de la véracité de la vieille chronique, l'abbaye fondée par David devint bientôt le premier monastère de l'Écosse. Ses richesses lui portèrent malheur. Elle fut pillée par Édouard III, brûlée par Richard II, et, après un nouvel incendie en 1544, pillée pour la seconde fois à l'époque de la réformation par la populace, qui n'y laissa que les murailles. Il y avait déjà plusieurs siècles que les rois d'Écosse y faisaient leur résidence, lorsque sous le règne de Jacques V elle perdit définitivement son caractère monastique et fut érigée en palais.

Quatre tours carrées, crénelées, jointes deux à deux et engagées en partie par leurs angles dans l'épaisseur du mur à chaque extrémité de la façade, présentent au visiteur qui arrive par le faubourg de Canongate cet aspect menaçant qui convenait à une époque et chez un peuple où les rois devaient fonder leur puissance autant sur la force des armes que sur l'affection de leurs sujets. L'effet en est tel, que je ne pus m'empêcher de demander en souriant à la personne qui m'accompagnait, si elle m'avait bien compris, et si c'était en effet Holy-Rood et non pas une prison qu'elle me menait voir. Entre les tours règne une galerie à deux étages, surmontée d'une plate-forme et ornée d'une double balustrade. La principale porte d'entrée, qui s'ouvre au milieu de cette galerie, est accompagnée de quatre colonnes doriques, supportant une coupole qui a la forme d'une couronne impériale. Le gouvernement anglais, peu jaloux d'un souvenir qui n'a plus de racines dans la nation, a laissé subsister au-dessus de cette porte et dans plusieurs endroits les armes des anciens rois de l'Écosse.

Lors du dernier séjour que fit ici Charles X, Mme la Dauphine n'habitait point Holy-Rood; elle avait loué un logement particulier à la terrasse du régent, située sur le penchant de la colline de Calton, qui fait face au château. L'ancien chemin qui conduit de la terrasse au château est montueux et difficile; les habitants d'Édimbourg venaient à cette époque d'en faire pratiquer un nouveau, plus court et plus commode. Deux grilles furent placées aux extrémités, et une députation de la ville vint en offrir les clefs à Mme la Dauphine.

Les bâtiments d'Holy-Rood sont disposés, comme ceux de notre palais du Luxembourg à Paris, autour d'une cour carrée de près de cent pieds sur chaque face. Tout cela rappelle sa destination première, et ressemble à un cloître et non à un palais. Un morne silence régnait autour de nous. Il m'arriva ce qui était arrivé avant moi à M. de la Buzonnière; mes regards cherchant quelque être vivant dans l'enceinte de ces tristes murailles, ne rencontrèrent qu'un agneau paissant l'herbe qui croissait entre les pavés.

Nous nous engageâmes dans une longue et obscure galerie. Une porte massive tourna sur ses gonds, et nos yeux furent tout à coup frappés de l'éclat d'une vive lumière : nous étions au milieu des ruines de la chapelle. Des fûts de piliers s'élançant isolés comme des palmiers au milieu du désert, se déployaient en panaches élégants. Une double rangée de petites colonnes du style le plus svelte et le plus gracieux soutenait encore les voûtes ciselées des travées qui régnaient jadis autour de la nef, et les rayons du soleil, glissant à travers la dentelle d'une grande croisée gothique, en traçaient les légers dessins sur les pierres tumulaires qui couvraient le sol. Nous foulions aux pieds le dernier asile des rois d'Écosse.

Une jeune fille qui servait de cicerone nous indiqua plusieurs pierres tumulaires entassées à l'angle sud-est. «Là, nous dit-elle, se trouvaient les corps de David II, de Jean II, etc. (de toute la kyrielle, le nom qui seul eut pour moi de l'intérêt, fut celui de lord Darnley). A l'époque de la révolution on les déterra pour voler le plomb de leurs cercueils. Leurs ossements restèrent longtemps en monceaux. On distinguait ceux de Darnley, qui étaient plus grands que les autres. Enfin on les a tous renfermés dans ce caveau.» Et elle nous fit remarquer une porte de fer scellée dans un massif cubique en pierre de taille.

La bonne fille nous avait, cinq minutes avant, montré de même du doigt une petite porte pratiquée dans l'épaisseur d'un pilier, en ajoutant: «Ce petit escalier conduisait dans la chambre où se confessait la reine Marie; car la reine Marie se confessait, » reprit-elle avec un sourire où elle s'efforçait de mettre de la malice. Je reconnus que j'étais sur la terre classique du presbytérianisme, et que la vieille haine contre les catholiques n'était pas encore éteinte.

Pour visiter les appartements nous passâmes de la direction de la jeune paysanne sous celle d'une vénérable matrone. Son costume ancien et noble, son langage mêlé d'écossais antique, la gravité religieuse de ses récits, ornés de moment en moment de touchantes exclamations, tout cela nous donnait l'idée d'une des femmes de la pauvre Marie, condamnée peut-être pour quelque complaisance coupable à venir montrer pendant de longs siècles aux étrangers curieux ce lieu qui lui rappelle un remords et une punition. Si la respectable dame se fâche de la supposition, qu'elle s'en prenne non pas à moi, mais à M. Nodier, qui en est l'auteur.

Elle commença par nous conduire dans une longue galerie, où se pressaient autrefois les courtisans jaloux d'être admis auprès du souverain, et où se fait actuellement l'élection des pairs écossais qui doivent représenter leur nation dans la chambre des lords de la Grande-Bretagne. Plus de cent portraits des anciens rois la décorent, qui par malheur n'ont pas même le mérite de la ressemblance.

Tous les détails de l'appartement de Marie Stuart ont été conservés avec l'exactitude la plus religieuse. Il est, comme a dit M. Nodier, intact dans ses grandeurs et dans ses misères. On n'y trouve d'autres modifications dans l'état des meubles, des tapis, des tableaux, des draperies, que celles qui sont l'ouvrage nécessaire du temps. Ce sont des haillons royaux, qui auraient encore leur splendeur, si les vers les avaient respectés comme l'ont fait les hommes. On remarque dans la première chambre le lit de Marie, ses fauteuils, ses canapés, où elle avait brodé le chiffre de son premier mari; jusqu'à la corbeille à ouvrage, sur laquelle sa jolie main s'est si souvent appuyée, jusqu'à sa boîte de toilette. On peut s'attendre à voir tirer du trésor du royaume la couronne de Marie Stuart, ou son anneau nuptial d'un riche écrin; mais l'esprit n'est pas préparé à la vue de son métier et de ses fuseaux. La seconde pièce est encore une chambre à coucher, dont le lit à colonnes grêles, enveloppées d'une mauvaise étoffe rose, est accompagné de hautes chaises en forme de stalles d'une figure singulière.

Notre conductrice, levant un coin d'une tapisserie en lambeaux, découvrit une petite porte conduisant à travers un cabinet fort étroit à un escalier en spirale, pratiqué dans l'intérieur du mur. « C'est par cet escalier, nous dit-elle, que dans une soirée de l'année 1566 l'époux de Marie, lord Darnley, qui était loin de relever par des vertus la dignité royale dont il était redevable à sa femme, jaloux de l'affection dont elle honorait le musicien Rizzio, s'introduisit avec une bande d'assassins armés de pied en cap dans la chambre où nous sommes. Ici était la table où la reine soupait avec l'infortuné Rizzio et quelques autres personnes de sa maison. C'est dans cet angle que Rizzio, lisant son arrêt sur la figure des assassins, se fit un rempart du corps de la reine éplorée, tandis que lord Ruthwen, le poignard à la main, lui criait de quitter une place qu'il n'avait occupée que trop longtemps. Suivons la route par laquelle on entraîna la victime, sortons jusqu'en dehors de la première chambre à coucher. Regardez le seuil de ce vestibule obscur; ici tomba Rizzio percé de cinquante-six coups de poignard ; cette forte empreinte de sang atteste bien que c'est là qu'il reçut enfin le coup mortel, tandis que ces autres empreintes irrégulièrement tracées sur le pavé en sillons confus témoignent des efforts de sa lutte inutile. »

L'aspect du gothique mobilier m'avait ému, le témoignage du sang me trouva un peu froid, d'autant plus que la cicerone avait pris la peine d'ajouter naïvement, que pour empêcher ce sang de s'effacer, on *en lave les traces toutes les semaines*. Qui veut trop prouver, ne prouve rien. Il est plus que probable qu'au lieu de laver ces traces d'un gris noirâtre, on a grand soin, au contraire, de les entretenir par une pieuse fraude. Il ne reste de Rizzio que la pierre de sa tombe et quelques-unes de ses chansons, qui firent les délices d'une reine passionnée et qui sont demeurées populaires.

L'image de Marie Stuart se reproduit ici

dans toutes les galeries, dans toutes les chambres, et souvent plusieurs fois dans la même. Il y en a une, entre autres, où la jeune princesse est revêtue des atours de ses fiançailles avec le jeune roi de France. Il est impossible, devant ce tableau, de ne point se rappeler la délicieuse romance composée par Marie elle-même au moment où elle fut forcée, plus tard, de quitter cette France qu'elle avait appris à si fort aimer :

> Adieu, plaisant pays de France,
>   O ma patrie
>   La plus chérie,
> Qui a nourri ma jeune enfance !
> Adieu, France ! Adieu, mes beaux jours !
> La nef qui disjoint nos amours,
> N'a eu de moi que la moitié.
> Une part te reste : elle est tienne ;
> Je la fie à ton amitié
> Pour que de l'autre il te souvienne.

« Ce fut, observe M. Nodier, un grand sujet de méditation pour l'histoire, que les Bourbons réfugiés deux fois dans le palais tragique des Stuarts. On respire là, si l'on peut s'exprimer ainsi, je ne sais quelle atmosphère de malheurs solennels, qui s'augmente de siècle en siècle. Il faudrait que la pitié eût tout à fait disparu de la terre, pour qu'elle ne revînt pas pleurer devant de si grandes douleurs. Un tableau qui représente la famille de Charles Ier après le supplice de ce monarque, était le premier objet qui frappât chaque jour à son réveil les yeux du frère de Louis XVI. »

Le Sanctuaire d'Holy-Rood.

11 août.

Je ne connaissais hier que l'édifice proprement dit du château d'Holy-Rood. Je ne savais pas qu'il s'y rattachât des dépendances considérables, et que la jurisprudence du pays y respectât encore, sinon dans la personne des malfaiteurs, du moins dans celle des débiteurs, un ancien droit d'asile.

Le sanctuaire d'Holy-Rood et ses dépendances [1] forme une espèce de royaume ou palatinat isolé, qui se régit par ses propres lois. Une partie des maisons qui en dépendent se trouvent enclavées dans l'un des faubourgs d'Édimbourg. Une forêt, des plaines, le beau domaine de Sainte-Anne, des collines ombragées et qui abondent en points de vue ravissants, des jardins bien cultivés, des taillis épais, le lac (*loch*) de Duddingstone, avec ses eaux bleues et limpides, bordées d'une pelouse

---

[1] *Polar Star*, traduction donnée par la Revue britannique.

fraîche et veloutée, en un mot, un résumé complet de tous les acciden' ''rels qui prêtent un charme sauvage aux p--··ges d. cosse, est compris dans le sar u noly-Rood.

Autour de ce vieux château ruiné s'est établi, depuis le départ de Jacques I.{er} pour l'Angleterre, une colonie de débiteurs insolvables que les lois du pays y protégent contre leurs créanciers. L'enceinte qui leur offre asile s'étend à quatre milles de circonférence autour de l'édifice. Les murailles qui le circonscrivent se nomment *termini sanctorum* (les limites des lieux saints). Les meurtriers, les voleurs de grand chemin, trouvaient autrefois un refuge dans ce lieu privilégié. La civilisation a restreint ce droit digne des temps de barbarie; le débiteur seul jouit aujourd'hui de l'immunité du sanctuaire.

Devant le palais même, à cent toises de distance, vous voyez s'élever un groupe de cahutes basses, noires, soutenues par des étais de bois, toutes déjetées et chancelantes, pressées les unes contre les autres, comme si le terrain eût manqué à l'architecte, et éclairées par des fenêtres si étroites, que vous diriez les jours de souffrance d'une prison. Cette triste bourgade n'est séparée du faubourg de Canongate que par une chaussée pavée, ligne de démarcation où se trouvait placée, il y a peu de temps, la croix du sanctuaire, symbole de la limite où commençait le domaine privilégié. Dès que le débiteur a franchi la chaussée, il a payé ses dettes, il est libre; mais s'il la repasse, il redevient citoyen de la société légale, et la contrainte par corps peut le frapper.

Un bailli, nommé par le gardien du palais, rend la justice tous les lundis; c'est de lui seul et de son équité que dépendent les cinq cents habitants du lieu; toutes les causes se plaident devant lui, à l'exception de celles qui ont commencé hors de l'enceinte. Il tient la place et remplit les fonctions de juge de paix, de cour criminelle et de cour d'assises, et de police correctionnelle. Il peut ordonner la saisie des biens du coupable, ou le condamner à la prison; la détention a lieu dans un cachot de l'abbaye gothique. Une dette contractée dans le sanctuaire envers un habitant du même endroit, est punissable, mais seulement par le bailli.

Le débiteur qui cherche asile dans cette enceinte, est obligé de se faire écrouer sur le grand-livre du bailli. L'homme chargé de recevoir les noms des fugitifs, a pour bureau et pour demeure une espèce de grotte, située près de la barrière. Le débiteur paye vingt schellings, moyennant lesquels on lui donne un sauf-conduit ou passe-port, qui lui assure protection contre tous les créanciers qui le poursuivent pour dettes contractées avant son entrée dans l'enceinte. Tant qu'il continue d'y demeurer, le certificat n'a pas besoin d'être renouvelé; mais ce titre se trouve anéanti et de nul effet s'il reste absent pendant quinze jours. Il peut, dans ce dernier cas, acheter un second sauf-conduit; c'est le dernier qui lui soit accordé. Comme l'entrée et la sortie des réfugiés sont libres de toute surveillance, il est fort difficile d'exécuter à la lettre ces prescriptions, destinées à neutraliser l'effet déplorable de cette coutume barbare : souvent le débiteur que l'on croit enseveli dans les cimetières d'Holy-Rood, et que ses créanciers ont cessé de poursuivre, voyage paisiblement dans une autre partie de l'Angleterre ou de l'Écosse. Les débiteurs de la couronne, les banqueroutiers frauduleux et les escrocs, ne jouissent point du privilége. Si un débiteur a fait des préparatifs de fuite, s'il a retenu sa place sur un navire, et que l'on puisse le prouver, il retombe sous la main de la justice, à moins que quelqu'un ne se porte caution en sa faveur. Toute cour de justice peut appeler en témoignage les habitants du sanctuaire, auxquels, dans cette circonstance, un sauf-conduit est accordé pour un certain nombre de jours. Depuis le samedi soir jusqu'au dimanche soir, les débiteurs ont le droit de sortir de l'enceinte : au dehors ils n'ont rien à craindre des recors; la loi intérieure de leur petite république ne les astreint à la résidence que pendant six jours de la semaine.

Réfugié à Holy-Rood, le débiteur est considéré comme simple banqueroutier; aucune infamie légale ne s'attache à celui qui profite du bénéfice de l'immunité : quel que soit le montant de la dette, on n'a contre lui aucun recours. Il est traité par l'autorité locale comme s'il habitait un pays étranger; il se marie, il meurt, sans que les registres civils portent son nom. Il est mort au monde.

Malgré l'appât qu'une telle coutume semble présenter aux débiteurs de mauvaise foi, le sanctuaire est l'asile d'une population très-faible : les réfugiés y mènent une vie si monotone, que leur nombre, au lieu de s'accroître, diminue chaque jour. L'*homme du sanctuaire*, comme l'appelle le peuple d'Édimbourg, le *lord de l'abbaye*, comme les paysans le nomment, est l'être le plus misérable du monde. A peine les buveurs de l'endroit se réunissent-ils une fois tous les trois mois pour savourer le whisky et la petite bière, maudire à frais communs la dureté de leurs créanciers, bénir le privilége dont ils jouissent si tristement, et s'endormir au récit mutuel de leurs infortunes. Il n'y a dans tout ce petit pays ni bibliothèque, ni jeu de billard, ni cabinet de lecture; pas un cheval de louage, pas un seul moyen de passer le temps ou de le tuer. Si vous sortez de votre cabane, vous êtes presque sûr de rencontrer sur votre route un de vos voisins d'Édimbourg, dont le regard fixe et moqueur vous rappellera la honte de votre asile.

A cette monotonie d'une vie sans distraction et sans intérêt, joignez l'énormité des dépenses. Chacun de ces taudis qu'on loue aux débiteurs, coûte plus cher qu'une belle maison à Édimbourg. Les aliments y sont rares et de mauvaise qualité; on les paye au poids de l'or. Au lieu d'être nourri aux frais de l'État, comme cela serait si son créancier l'eût saisi, le réfugié est forcé de dépenser beaucoup d'argent pour vivre très-mal. Aussi la plupart des gens qui viennent s'établir dans l'enceinte d'Holy-Rood, n'ont-ils pour but que d'échapper à la prise de corps. Ils s'arrangent le plus tôt qu'ils peuvent avec les porteurs de leurs billets, et se hâtent de quitter ce lieu d'asile, où l'on se ruinerait plus facilement et plus vite que partout ailleurs. Le sanctuaire offre protection aux débiteurs de tous les pays.

Le gardien a le droit d'accorder aux réfugiés des logements gratuits dans le château même; faveurs ordinairement obtenues par les enfants prodigues des nobles familles. Il y a peu de temps, un fils d'un pair d'Écosse vint y loger, et chargea un tapissier d'Édimbourg de meubler ses appartements. Quand les ouvriers eurent achevé leur travail, le jeune homme refusa de les payer, sous prétexte que le droit du sanctuaire l'exemptait de payer une créance contractée avant son entrée dans l'enceinte. La cause fut plaidée, et, ce qui est incroyable, l'escroc fut celui qui gagna le procès. On fit valoir en sa faveur les droits imprescriptibles de la prérogative royale, et le malheureux tapissier perdit sa main-d'œuvre et ses meubles.

La vieille ville. — Le château. — La nouvelle ville.

12 août.

Se transporter d'Holy-Rood au château d'É-dimbourg, c'est presque un voyage, car la rue qui mène d'un point à l'autre a environ deux milles de longueur; elle prend successivement, à partir d'Holy-Rood, les noms de *Canon-Gate* (porte des Chanoines), *High-Street* (rue Haute), *Lawn-Market* (marché à la Toile) et *Castle-Hill-Street* (rue de la colline du château).

Vous qui avez lu le roman de Walter Scott, La Prison d'Édimbourg, regrettez la disparition de ce vieil édifice de *Canon-Gate :* lui et plusieurs autres constructions célèbres dans l'histoire d'Écosse, ont disparu de la vieille ville. Malgré cette perte, elle a heureusement encore conservé assez de physionomie primitive pour ne pas laisser dans un trop grand désappointement la curiosité de l'étranger. Ce sont encore ces maisons de douze à seize étages, que l'on prendrait de loin pour de grosses tours carrées, échafaudées le long de l'escarpement du rocher; et ces ruelles de trois à quatre pieds de largeur, cloaques obscurs et infects, où pullule un peuple sale et laid, et qu'encombrent des troupes d'enfants qui, les bras, la tête et les pieds nus, s'élancent entre les jambes des passants, en poussant des cris aussi étranges que leur extérieur.

Au milieu de cette masse compacte de bâtiments gigantesques, s'ouvre la grande rue que nous allons suivre. La noblesse de ses dimensions, le nombre et la variété des monuments qui la décorent, en font, sinon la plus régulièrement belle, du moins une des plus imposantes et des plus intéressantes qu'il y ait à visiter à Édimbourg. La noblesse et l'opulence l'ont abandonnée pour un plus riant séjour; mais les grandes et antiques institutions du pays sont restées fidèles au sol qui les a vues naître.

A l'endroit où la rue quitte le nom de Canon-Gate pour celui de High-Street, remarquons d'abord cette petite maison; elle est bien simple, et cependant sur sa façade est sculptée en bas-relief une figure montrant du doigt une gloire; dans cette gloire le nom de

Dieu est inscrit en grec, en latin et en anglais. Cette maison fut habitée vers l'an 1560 par un fougueux prédicateur réformiste, que certaines annales écossaises ont honoré du surnom d'apôtre de l'Écosse. Il revenait de Genève, où il avait été puiser ses inspirations et sa doctrine auprès de Calvin lui-même. Chaque jour sa voix terrible demandait la destruction des temples et la déposition des rois : Marie Stuart n'eut pas d'ennemi plus acharné.

Donnons un coup d'œil à la Bourse, spacieux portique enveloppant une cour carrée; ainsi qu'à la Banque, construction simple, et qui ne manque pas d'élégance. Cette masse noire et gothique est l'église Saint-Giles, accompagnée de son clocher. Pourquoi la pyramide de ce clocher se trouve-t-elle surmontée d'un ornement en forme de couronne impériale? Il faut que la raison en soit inconnue ou peu intéressante à connaître, puisque le spirituel M. Nodier, si ami des souvenirs antiques, n'a pas jugé à propos de s'en informer, ou, du moins, de consigner dans son livre la réponse faite à sa question. Cette correcte et froide façade, copiée sur celle du temple d'Érechté dans l'Acropolis d'Athènes, décore l'édifice destiné aux assemblées générales du comté. Cet autre bâtiment, à colonnes d'un goût assez pur, renferme une bibliothèque de 70,000 volumes, à l'usage de messieurs les avocats. Après que leur logique s'est amplement munie de citations recueillies dans ces épais volumes, ils posent sous leurs bras leur sac toujours bien gonflé de pièces de procédure (les avocats anglais n'ont pas, comme les nôtres, adopté l'usage du porte-feuille : ils s'en sont tenus à l'ancien sac), et s'acheminent vers le lieu où ils doivent faire assaut d'éloquence. Ce lieu se voit d'ici. Portez vos regards dans ce renfoncement : cette construction bizarre, où tous les styles d'architecture sont si maladroitement confondus, n'a pas le caractère grave qui conviendrait à un palais de justice, me direz-vous. Soit, vous répondrai-je; mais prenez la peine d'entrer, et si vous n'êtes pas content d'une salle de 122 pieds de long sur 49 de large, entièrement voûtée en chêne sculpté dans le style normand, je vous proclame le touriste le plus difficile à contenter. Remarquez, s'il vous plaît, que le chêne est une chose fort rare en Écosse, et qu'une pareille voûte, exécutée ici, a dû coûter une forte somme. Inclinez-vous, car jadis cette salle servit de lieu de séance au Parlement écossais. Avant l'union, ces murs voyaient fabriquer les lois, aujourd'hui il leur faut se résigner à en voir faire seulement l'application. Vous avez vu sur la place une statue équestre de Charles II, qu'on y a mise dans la louable intention de servir d'ornement : une statue n'est pas toujours belle, surtout quand le monarque représenté a cessé d'être vivant. L'artiste, qui dans cette salle a reproduit, dans une proportion colossale, l'image de lord Melville, a fait preuve de plus de talent. Deux autres statues dans deux pièces voisines méritent aussi d'être remarquées.

Mais la rue prend le nom de Castle-Hill et se dresse en pente formidable. Grimpons avec persévérance et arrivons sur la large esplanade. Ouf! nous voici enfin devant la vieille forteresse. Passons le pont-levis, et gravissons le chemin resserré entre deux épaisses murailles. Les canons qui défendent, ou plutôt, qui ornent ces remparts, sont montés sur des affûts de fonte d'un fini parfait. En France aussi on a fait essai d'affûts de fonte, même pour des pièces de campagne ; les roues avaient de la légèreté et de l'élégance, mais on a fini par y renoncer. Une des raisons données, est que les réparations en campagne seraient trop difficiles : on trouve partout du bois, il n'en est pas de même de la fonte.

Des soldats, négligemment appuyés sur les pièces ou assis dans les embrasures, causent avec des jeunes filles, dont les formes fortes et belles rappellent celles des femmes de Suisse; mais qui ont une fraîcheur et une transparence de teint dont aucun pays, pas même l'Angleterre, ne peut fournir l'équivalent.

Lors de l'union, les Écossais n'ont pu être retenus dans le service militaire qu'à la condition qu'on ne leur imposerait pas d'autre costume que leur costume national, dont la pièce principale est le *kilt*, ou jupon, descendant à moitié des cuisses, qui restent à nu jusqu'à la moitié du mollet; le bas de la jambe est seul couvert, pour le préserver des ronces dans les mauvais chemins.

Le costume se compose d'une sorte de colback de fourrure noire, orné d'un nœud de rubans noirs et de trois grandes plumes d'autruche, qui descendent du sommet jusque sur l'épaule droite; un habit de fantassin, à courtes basques, de drap écarlate; un kilt d'étoffe verte quadrillée, formant de gros plis sur les hanches, des demi-bas quadrillés rouge et blanc, attachés avec un nœud de rubans, et des souliers à boucles d'argent. Il faut ajouter à cela le manteau (*tartan* ou *plaid*) militaire d'étoffe verte quadrillée, et le *philibeg*, sac de peau de chèvre à long poil, enjolivé d'une douzaine de glands faits de la même peau. Le philibeg, attaché à la ceinture, pend sur le devant des cuisses.

Dans les parties de l'Écosse vraiment civilisées, on ne voit plus aujourd'hui que les soldats et les enfants vêtus du costume national; mais dans quelques comtés septentrionaux et dans une partie des Hébrides, les montagnards sont restés fidèles aux jupons, malgré le bill du Parlement qui prescrit la culotte comme vêtement indispensable. Ils n'ont même pas la naïve attention de la porter suspendue à leurs épaules, comme plusieurs firent après la publication du bill, pour se conformer à la lettre de la loi.

Les manteaux écossais, outre un ample collet tombant sur les épaules, ont de chaque côté un morceau d'étoffe carrée, qui se rabat sur deux ouvertures destinées à passer les bras. Les manteaux de femme ont une coulisse qui serre la taille; on voit aussi sur quelques-uns, outre le collet, un capuchon fort étroit; ils sont faits de tissu écossais ou de drap d'une couleur éclatante.

Je ne puis voir un costume écossais sans me rappeler ce que le prince Puckler rapporte d'un honnête Écossais de la vieille roche.

« Le sujet, dit-il, sur lequel ce brave homme, qui avait cinquante ans passés, s'étendit le plus, était son costume écossais, qu'il me décrivit dans le plus grand détail. Il me parla, à cette occasion, du séjour qu'il avait fait à Berlin en 1800, et de l'effet étonnant que ce costume avait produit à la cour; au point, que le roi, bien que l'étranger ne lui eût point encore été présenté, l'avait fait inviter à venir dîner à Potsdam. Il n'avait mis ce jour-là que la moitié du costume écossais, auquel il avait joint le pantalon. Le lendemain il parut jambes nues et avec un *soot* (justaucorps) à galons d'argent.

Le roi et toute la cour l'avaient regardé avec le plus grand étonnement, et au bout d'un quart d'heure, il lui arriva une nouvelle invitation à dîner, ce qui surprit fort tous les Anglais qui se trouvaient alors à Berlin. La reine elle-même s'était beaucoup entretenue avec lui, et immédiatement après, un aide de camp était venu l'inviter pour le lendemain à une soirée à Berlin, où il devait aller à l'opéra italien dans la loge du roi. « Je demandai, ajouta-t-il, si « je pouvais aller jambes nues ? — Sans aucun « doute, » répondit l'aide de camp avec un sourire. Cette fois, dit mon bonhomme écossais avec fierté, mon triomphe fut vraiment complet ; je parus dans mon grand uniforme rouge à galons d'or. Voilà comme je reçus trois invitations de suite, et comment à chaque fois je parus de plus en plus beau. Mais après cela je me trouvai dans un grand embarras. Je craignais une quatrième invitation, et cette fois je n'avais plus rien de nouveau à tirer de ma garde-robe : par bonheur la quatrième invitation ne vint pas.

« Cet Écossais avait dans ses armes, sur un champ azur, une main de gueules, c'est-à-dire une main rouge, une main sanglante. Il m'en expliqua ainsi l'origine. Deux frères, engagés dans une guerre contre une des îles écossaises, étaient convenus entre eux, que le premier dont la chair et le sang (expression écossaise) en toucherait le sol, serait le seigneur de l'île. Comme ils approchaient à force de rames, il arriva que les vaisseaux ne purent avancer davantage, à cause de quelques rochers, et les deux frères se jetèrent avec leurs soldats dans la mer, afin d'aborder l'île à la nage. Or, l'aîné voyant que son cadet avait l'avance sur lui, tira sa courte épée, posa la main gauche sur un rocher, la coupa, et, la saisissant avec les doigts de la main droite, la jeta toute sanglante sur la rive en criant à son frère : « Dieu m'est « témoin que ma chair et mon sang ont les premiers touché le sol. » Par ce moyen il devint roi de l'île, que ses descendants gouvernèrent pendant dix générations. Nos érudits en blason n'avaient point encore imaginé une explication aussi bizarre de ces mains gauches ou droites qui figurent si souvent dans les armoiries. »

Les Romains, frappés de la position singulière de la citadelle d'Édimbourg, la surnommèrent *alatum castrum* (château ailé). Elle semble en effet toucher à peine au rocher qui lui sert de base. Du reste, l'art paraît ici avoir compté presque entièrement sur la nature; les fortifications, excepté celles de la porte d'entrée, ne sont que des murailles irrégulières qui suivent les contours du rocher.

Le palais, renfermé dans l'enceinte de la citadelle, est aujourd'hui transformé en casernes; on montre cependant encore aux étrangers la chambre où la reine Marie accoucha de Jacques VI. Pour eux s'ouvre aussi la porte d'une espèce de cachot ovale, tendu d'étoffe cramoisie. Quatre mauvaises lampes s'allument, et ils sont invités à contempler, ce qui n'est pas chose facile, à travers les barreaux d'une cage de fer, la couronne, le sceptre et l'épée des anciens rois d'Écosse. Les nobles insignes reposent sur un coussin de velours cramoisi. Autant que j'en ai pu juger, à la lueur rougeâtre et fumeuse qui éclairait assez mal le lieu, ils sont surchargés de pierreries du plus grand prix. En 1707 ils avaient été solennellement déposés au lieu où ils sont encore aujourd'hui. On les chercha longtemps à Londres, où, par une erreur inexplicable, on croyait qu'ils avaient été transportés; et ce ne fut que le 4 janvier 1808 qu'ils furent découverts dans le coffre-fort en chêne où on les voit actuellement.

En passant de nouveau devant les soldats écossais, je me rappelai qu'un régiment de cette nation succomba presque entier et avec gloire dans les premières heures de la bataille de Waterloo. La bravoure écossaise est passée en proverbe, et cependant la plupart de ces hommes, comme tous ceux de la classe vulgaire en Écosse, braves devant la mitraille et la baïonnette, en sont, encore au dix-neuvième siècle, à redouter des apparitions, à croire aux revenants.

Il y a quelques années, il fallut changer la garnison du château d'Édimbourg, pour déloger le spectre d'un soldat fusillé injustement, à ce que prétendaient ses camarades. Le malheureux avait trouvé ses officiers inexorables devant la cour martiale, et il était mort en protestant de son innocence; son spectre continua cette protestation après son supplice, jusqu'à ce qu'on lui laissât le champ libre.

Il est à remarquer cependant qu'il vécut en parfaite intelligence avec le nouveau régiment.

Le spectre écossais a un avantage sur celui que nos bonnes nous ont appris sottement à redouter dans notre enfance. En France l'usage est, qu'il faut qu'un homme soit mort pour que son spectre daigne apparaître; le spectre écossais apparaît avant comme après la mort d'un homme. Lorsque le spectre apparaît avant la mort, il s'appelle *wraith*. Un homme qui s'apparaît ainsi à lui-même n'a plus que le temps de faire son testament.

Les Écossais ont encore bien d'autres idées bizarres sur les morts. Pour que l'âme d'un homme quitte la chambre où elle s'est séparée du corps, il faut que la terre ait recouvert le cercueil. L'âme plane autour du corps étendu sur le lit, et, pour peu qu'on emploie certaines paroles puissantes, on peut la faire rentrer un instant dans sa prison mortelle, et obtenir qu'elle réponde à des questions adressées sur la cause qui a amené la mort. Du reste, l'âme n'a pas à s'ennuyer seule dans la chambre: toutes les âmes de sa parenté ou de sa connaissance viennent lui tenir compagnie pendant l'intervalle qui sépare la mort des funérailles. Invisibles à tous les yeux, il suffirait cependant d'une indiscrétion commise, pour qu'elles manifestassent leur présence. Dans la chambre d'un mort la porte doit être tenue large ouverte ou exactement fermée; si on la laissait entrebâillée, la première personne qui viendrait à entrer risquerait de voir le mort dressé sur son séant.

Maintenant, pour en finir avec la vieille ville, rendons-nous à l'université. Notre chemin est par cette grande place oblongue que l'on nomme *Grass-Market* (marché aux herbes). Je ne vous aurais pas conduit par là autrefois; nous aurions plutôt fait un tour énorme par un autre chemin; car c'était un lieu d'exécration, le lieu où se dressaient les gibets.

Le bâtiment de l'université est digne de la ville savante qui vient d'en faire les frais. La façade sur la rue présente un portique à quatre colonnes, et est d'un style noble et sévère. Sur la cour intérieure se développent quatre façades symétriques, d'une architecture aussi pure qu'élégante. La galerie du premier étage est décorée et meublée avec un luxe presque imposant. Je ne sache pas que nos savants français, dans les asiles que le Gouvernement consacre aux études, aient encore eu l'occasion de fouler des tapis aussi magnifiques, de converser sur des sophas aussi moelleux, de prendre des notes ou de rédiger un rapport sur d'aussi beaux guéridons. Par bonheur, comme dédommagement, notre Musée de Paris offre mieux que des meubles splendides : il offre des collections que celles du Musée d'Édimbourg sont encore loin d'égaler. Il faut convenir toutefois que celle des minéraux et des coquillages est de la plus grande richesse.

L'esprit mercantile, avec qui j'espérai ne plus me trouver en contact depuis que j'avais dit adieu aux Phéniciens modernes pour visiter l'Athènes du nord, m'attendait sur le seuil de l'université : on n'entre point au Musée sans un billet d'admission, qui coûte deux schellings et demi.

La vieille ville communique avec la neuve par le pont du Nord, qui franchit le ravin au nord; et aussi par le pont du Midi, qui franchit le ravin au midi.

Deux beaux trottoirs bordent les rues de la

nouvelle ville, qui présentent dix grandes lignes parallèles, tirées au cordeau de l'est à l'ouest, et coupées à angle droit par des lignes transversales. Ces rues sont formées en grande partie d'hôtels magnifiques, dont les grilles et les balcons sont du dessin le plus riche; elles conduisent à des squares, où la verdure des champs se mêle à la magnificence des palais. Plusieurs édifices isolés au centre des places ou à l'extrémité des rues, offrent sous mille aspects la pureté du style grec ou la légèreté du gothique; et les rochers que l'on découvre au delà de la ville, servent eux-mêmes de base à des monuments remarquables par leur forme. *George's-Street* (la rue Saint-George) a trente-cinq toises de large; à chacune de ses extrémités s'ouvre un square : au milieu du premier est une colonne élevée à lord Melville, sur le modèle de la colonne Trajane; au fond de l'autre est une église de moyenne dimension, construite sur le modèle de Saint-Paul de Londres. *Prince's-Street* et *Queen's-Street* (la rue du Prince et la rue de la Reine), sont moins des rues que des terrasses spacieuses, bordées de riches palais, et dominant un jardin de 80 à

100 toises de large. On y jouit d'une vue superbe sur le golfe de Forth et le comté de Fife, situé au delà du golfe.

Promenons-nous dans la belle rue de *Regent's Bridge* (du pont du régent), au bout de laquelle s'élève brusquement la masse pittoresque du rocher appelé *Calton*. Un ravin séparait la ville du rocher; on y jeta un pont qui forme une partie de cette rue, et dont les parapets sont ornés de riches colonnades. Une partie de l'emplacement nécessaire à la construction de la rue, a été ouverte dans le roc vif. Pour donner une idée des travaux que cette opération a nécessités, il suffira de dire qu'il y fut employé pour 24,000 fr. de poudre à canon. Une haute tourelle, dédiée à l'amiral Nelson, s'avance sur une saillie du rocher. Le sommet offre sur un large plateau la tombe de Playfair, un observatoire et le monument national, consacré à la mémoire des Écossais qui ont péri à Waterloo. Le monument est une copie fidèle du Parthénon d'Athènes.

Leith.

14 août.

Si un trajet de deux milles ne vous effraye pas, je vais vous conduire à Leith par le *Leith-Walk* (avenue de Leith), cette petite ville, qui est à Édimbourg ce que le Pirée était à Athènes. Admirez sur cette avenue le concours de tous ces passants, qui se heurtent et se pressent; les uns sont des commerçants, des prolétaires, que le démon des affaires ou le besoin de gagner son pain précipite avec vitesse; les autres sont de pacifiques flâneurs qui vont au bord de la mer gagner un peu d'appétit. Ces jolies femmes en voiture, ces cavaliers élégants, sont ici pour étaler le luxe et le bon goût de leur toilette. Les environs de Leith sont aussi chers aux promeneurs que son port est intéressant pour le commerce d'Édimbourg; mais la métropole, en retirant du port tous les avantages qu'il pouvait lui procurer, a pris soin de mettre la ville hors d'état de pouvoir jamais rivaliser avec elle. Leith n'est qu'un chaos de maisons sales et laides, séparées par des ruelles tortueuses et obscures, et habitées par un peuple misérable et grossier, quoiqu'on y admire un bassin magnifique, couvert des navires de toutes les nations.

Leith est la clef maritime d'Édimbourg. Souvent prise et reprise pendant les longues guerres qui troublèrent l'Écosse, Leith fut au seizième siècle presque constamment au pouvoir des Français, qui y débarquaient fréquemment des secours d'hommes et d'argent pour soutenir le parti de Marie Stuart. En 1550, un corps peu nombreux de Français y résista aux efforts réunis des Anglais et d'une partie de la nation écossaise, et n'abandonna la place que par suite d'un traité conclu entre les deux puissances. Cette belle défense effraya les Anglais, et fut suivie d'une destruction totale des fortifications de la ville.

Tribu d'anthropophages. — Walter Scott. — Le directeur du théâtre calédonien.

15 août.

« On reconnaît assez généralement dans notre siècle, a dit le célèbre historien Gibbon, que les îles de la Grande-Bretagne et de l'Irlande ont été successivement peuplées par les habitants de la Gaule. Depuis les côtes de Kent jusqu'à l'extrémité de Kaithnesse et d'Ulster on aperçoit distinctement les traces de l'origine celtique, dans le langage, dans les mœurs et dans la religion. Le caractère particulier de quelques tribus de Bretons peut s'attribuer naturellement à l'influence de causes locales et accidentelles. Les Romains réduisirent leur province à un état de servitude policée et paisible. La Calédonie conserva seule les droits d'une liberté sauvage. Dès le règne de Constantin, les deux grandes tribus des Pictes et des Écossais, dont la fortune a été si différente depuis, partagèrent entre eux cette contrée septentrionale. Les victorieux Écossais ont anéanti plus tard par leurs succès la puissance et presque jusqu'à la mémoire des Pictes leurs rivaux, et après avoir maintenu durant plusieurs siècles la dignité de royaume indépendant, ils ont ajouté à l'honneur du nom anglais par une union volontaire et sur le pied d'égalité. La main de la nature avait marqué la distinction des Pictes et des Écossais : les premiers cultivaient les plaines, et les derniers habitaient sur les montagnes. On peut considérer la côte orientale de la Calédonie comme une vaste plaine unie et fertile, qui sans de grands travaux pouvait produire beaucoup de grains; et l'épithète du *cruitnich* ou mangeur de grains exprimait le mépris ou l'envie des montagnards carnassiers. La culture des terres a pu introduire une séparation plus exacte des propriétés et l'habitude d'une vie sédentaire; mais le brigandage et la guerre étaient la passion favorite des Pictes, et les Romains distinguaient leurs guerriers, qui combattaient tout nus, par les couleurs éclatantes et les dessins bizarres dont ils peignaient leurs corps. La partie occidentale de la Calédonie est hérissée de montagnes escarpées, peu susceptibles de payer le laboureur de ses peines, et très-propres à servir pour le pacage des bestiaux. Les montagnards n'avaient pas d'autre occupation que celle de chasseurs et de bergers; et comme ils se fixaient rarement dans une habitation, on leur donna la dénomination expressive de *Scots*, mot celtique, qui se traduit par *errants* ou *vagabonds*. Les habitants d'une terre stérile étaient forcés de demander à la mer un supplément de nourriture. Les lacs et les baies de ces parages sont très-abondants en poissons, et ils s'enhardirent peu à peu à jeter leurs filets dans l'Océan. Le voisinage des îles Hébrides, semées le long de la côte occidentale de l'Écosse, tenta leur curiosité et augmenta leur intelligence. Ils acquirent insensiblement l'art de conduire leurs bateaux dans une tempête, et de se diriger pendant la nuit par la position des étoiles. Les deux pointes occidentales de la Calédonie atteignent presque à la côte d'une île spacieuse, à qui sa brillante végétation mérita le surnom de *Green*, qui signifie verte, et qui a conservé, avec un léger changement, le nom d'*Erin* ou *Ierne*, ou *Ireland*.

« Il est probable qu'à quelque époque fort ancienne une colonie d'Écossais affamés descendit dans les plaines fertiles d'Ulster, et que ces septentrionaux, qui avaient osé combattre les légions romaines, n'eurent pas de peine à conquérir une île peuplée par un petit nombre de sauvages pacifiques. Quoi qu'il en soit, il est certain qu'au temps du déclin de l'empire romain, la Calédonie, l'Irlande et l'île de Man étaient habitées par des Écossais, et que leurs tribus, qui s'associaient souvent dans des entreprises militaires, prenaient mutuellement le plus vif intérêt l'une à l'autre. Ils entretinrent longtemps l'opinion d'une origine commune; et les missionnaires de l'île des Saints, qui répandirent le christianisme dans le nord de la Bretagne, persuadèrent aux habitants que leurs compatriotes irlandais étaient en même temps les véritables ancêtres et les pères spirituels de la race écossaise.

« Cette tradition incertaine a été conservée par le vénérable Bède, qui a répandu un peu de lumière sur l'obscurité du huitième siècle. Les moines et les bardes, espèce d'hommes qui abusent également du privilége de la fiction, ont accumulé les fables sur ce faible fondement. La nation écossaise a reconnu avec un orgueil mal entendu son origine irlandaise, et les annales d'une longue suite de rois imaginaires, ont été ornées de toute l'imagination de Boëtius et de l'élégance classique de Buchanan.

« Après que les Romains eurent évacué la Grande-Bretagne, les brigands de la terre et de la mer, Pictes, Écossais et Saxons, franchissant le mur de fortifications qu'Antonin avait construit pour les contenir, et qui s'étendait de Newcastle à Carlisle, étendirent leurs ravages furieux et rapides jusqu'à la côte maritime de Kent. La province riche et fertile de la Bretagne possédait abondamment tous les objets de luxe et de jouissance, que ces barbares ne pouvaient se procurer ni par leur commerce ni par leur propre industrie. En déplorant la discorde éternelle des humains, on sera, je crois, forcé de convenir que l'avidité du butin est un motif de guerre plus raisonnable que la vanité de la conquête. Depuis le siècle de Constantin jusqu'à celui des Plantagenets, les Calédoniens, pauvres et audacieux, firent leur principale occupation du brigandage. Les Pictes et les Écossais ont troublé longtemps la tranquillité de leurs voisins méridionaux, qui ont peut-être exagéré leurs déprédations.

« Une accusation plus sérieuse encore, cependant appuyée d'un grave témoignage, celui de saint Jérome, pèse sur une de leurs tribus guerrières, les *Attacotes*, qui firent d'abord la guerre à Valentinien, et que cet empereur finit par incorporer dans ses légions. Saint Jérome, qui dans sa jeunesse eut occasion de les rencontrer dans la Gaule, s'exprime ainsi à leur sujet : « C'est une tribu de la Bretagne qui se « nourrit de chair humaine. Quand ils cher« chent une proie à travers les bois, le berger « leur parait un régal plus succulent que ses « troupeaux; et ils choisissent les parties les « plus charnues des hommes et des femmes « pour en faire leurs repas abominables. »

« S'il a réellement existé une race d'anthropophages dans les environs de la ville commerçante et littéraire de Glasgow, nous pouvons trouver dans l'histoire de l'Écosse les deux extrêmes de la vie sauvage et de la vie civilisée.

Ces réflexions servent à étendre le cercle de nos idées, et à nous faire espérer que la Nouvelle-Zélande produira peut-être, dans quelques siècles à venir, un Hume de cet hémisphère méridional. »

Si Gibbon s'inclinait avec respect devant le talent de l'historien Hume, qu'aurait-il dit du génie de Walter Scott, qui lui aussi eut pour patrie cette Écosse jadis si sauvage?

Et à propos de Walter Scott, voici une anecdote où le grand poëte ne brille malheureusement que par son absence, mais qui est bien propre à faire voir à quoi se résume en définitive la célébrité littéraire. Vous douteriez-vous que le nom de sir Walter Scott, répandu dans les deux hémisphères, fût arrivé encore à peine aux oreilles de certains de ses compatriotes?

Écoutez M. de la Buzonnière. « J'avais une lettre pour Walter Scott; la demeure n'était point indiquée sur l'enveloppe; mais qu'importe? Walter Scott n'est-il pas connu dans tout l'univers? Un des domestiques de l'hôtel entr'ouvrait la porte pour prendre mes bottes. « Garçon, où demeure Walter Scott? — Je ne sais pas, » dit-il avec le sourire d'une personne à qui l'on fait une question qui ne mérite pas de réponse, et il referma la porte sans ajouter un mot. Je descendis et m'adressai au *landlord* (c'est ainsi qu'on nomme le maître d'un hôtel : le landlord s'en repose ordinairement sur le premier garçon de la tenue de son hôtel, et ne paraît que dans de grandes circonstances). Les landlords en Écosse, pays où les capitaux sont assez rares, sont souvent des personnes fort recommandables; peut-être celui-ci connaissait-il particulièrement Walter Scott? Il répondit à ma demande par une autre question : Quel est ce monsieur? — Mais, c'est un écrivain célèbre. — Ah, oui! auteur de quelques romans, je sais; mais j'ignore son adresse. » Walter Scott est greffier de la justice de paix. Nous nous rendons au palais de justice; il était fermé. Nous entrons au hasard par une petite porte, qui était entr'ouverte, dans un bâtiment adjacent, et après avoir traversé une antichambre vaste et déserte, nous nous trouvons dans une salle magnifique, où une douzaine d'hommes, placés auprès d'autant de tables séparées, s'occupaient à écrire et à étudier.

C'était la bibliothèque des avocats. La première personne à laquelle je m'adressai, me répondit avec beaucoup de politesse. Il ignorait la demeure de celui que nous cherchions; mais il allait nous l'indiquer à l'instant. Il sortit, et revint deux minutes après, un *directory* (almanach d'adresses) à la main. Il y trouva que Walter Scott demeurait rue *Walker* près la place *Coates :* c'était à l'autre extrémité de la ville; mais enfin nos recherches n'avaient pas été infructueuses. Nous voici devant la maison indiquée. Elle est fort simple et n'a que trois croisées de face. Distrait par le plaisir que j'éprouvais de me trouver enfin si près d'un des hommes les plus célèbres de notre siècle, j'oubliai de frapper avec ce ton d'autorité qui annonce un gentleman. Cela me valut un accueil fort sec de la part de la servante, qui à mon modeste coup vint lentement se montrer au fond de l'aire, *area* (on appelle ainsi le fossé d'une ou deux toises de large sur environ deux toises de profondeur, qui règne en avant des maisons dans toute la longueur des rues; un petit pont est jeté sur l'aire devant la porte d'entrée, et un escalier extérieur descend à la cuisine). Elle leva la tête, et nous demanda d'un ton sec ce que nous voulions. — Sir Walter Scott? — Elle leva la tête, porta la main à son front, se recueillit quelques instants, puis nous dit qu'elle avait souvent entendu parler de ce monsieur, qu'il avait en effet demeuré dans la maison; mais qu'il avait délogé depuis deux ans. Du reste, elle ignorait son adresse. Nous revenions tristement à l'hôtel, lorsque nous lûmes sur une enseigne: *Archibald Constable, libraire.* Bien qu'il fût à notre connaissance que pour le moment le libraire et l'écrivain n'étaient pas en parfaite intelligence ensemble, nous entrâmes dans la boutique. M. Constable nous reçut d'une façon fort civile, et nous apprit positivement... qu'il nous était impossible de voir sir Walter Scott, attendu qu'il venait de partir pour York, où une foule de torys se rendaient alors pour faire leur cour à lord Wellington. »

Je veux encore faire un emprunt à M. de la Buzonnière; car cette seconde anecdocte est bien propre aussi à mettre en relief les mœurs édimbourgeoises, où la bonhomie ne manque pas. Si Édimbourg ressemble à Athènes, ce n'est pas encore, il faut l'avouer, par son bon goût en matière de spectacles. Il y a un siècle, Édimbourg en était encore à se contenter en ce genre de la visite de quelques comédiens ambulants. Aujourd'hui même son théâtre royal, qui, vu par dehors, ne ressemble pas mal à une grange, est fermé pendant une bonne partie de l'année; un autre, plus modeste, connu sous le nom de *théâtre calédonien,* joue d'absurdes mélodrames et des farces ignobles. Or, M. de la Buzonnière, plus intrépide que moi, je l'avoue, avait eu le courage un soir d'entrer au théâtre calédonien. Je le laisse raconter lui-même.

« Vers le milieu de la seconde pièce, un vacarme affreux se fit entendre. Une foule d'hommes, de femmes et d'enfants, qui semblaient appartenir à la plus basse classe du peuple, escalada les galeries et se jucha sur les bancs du parterre. Le tumulte qui s'éleva dans toutes les parties de la salle, dura jusqu'à la chute du rideau. On distribuait les billets de demi-prix.

« Le directeur avait rempli le rôle d'une sorcière. Ce fut dans le costume et sous les traits de ce personnage qu'il se présenta sur l'avant-scène, pour rétablir par sa présence le calme dans l'assemblée. A son aspect, un long éclat de rire fut suivi du silence le plus profond. Dans une improvisation abondamment assaisonnée de cette gaîté brusque et caustique, que les Anglais appellent *humour*, et rehaussée de toutes les contorsions que peut faire une vieille femme possédée du malin esprit, l'orateur donna aux spectateurs une verte leçon de politesse; et enfin, montrant du doigt la partie de la salle où le tumulte avait été le plus violent, il s'écria pour toute péroraison : « Je connais déjà les perturbateurs par la puissance de mon art magique, et s'ils sont assez hardis pour interrompre encore le spectacle, fussent-ils des diables de mes amis, je me charge de les mettre à la porte de ma propre griffe. » Une pareille mercuriale n'aurait pas été de nature à rétablir l'ordre au milieu d'un public londonien ou parisien; à Édimbourg elle fut couverte d'applaudissements, et le calme, qui en fut le résultat, ne fut plus interrompu que par les éclats d'une pétulante gaîté. »

Inverkeiting. — Le lac Leven. — Kinross. — Perth.

17 août.

Je me propose de faire une promenade aux lacs d'Écosse. Il y a un pèlerinage tout tracé pour les touristes ordinaires, et c'est à celui-là que je me suis borné. Je ne dépasserai point la chaîne des monts Grampiens.

Chaque jour, de la jetée de la Trinité à Leith, part un bateau à vapeur, qui remonte dans le golfe de Forth jusqu'à Stirling. Un omnibus vous conduit d'Édimbourg jusqu'à la jetée.

Débarqué à Inverkeiting, joli bourg dans une situation délicieuse, au fond d'une petite baie, je m'acheminai vers le lac Lewen.

Quatre îles s'élèvent de son sein, dont la plus remarquable renferme les ruines d'un vieux château, où la belle Marie subit les rigueurs d'une étroite captivité : c'est là qu'il lui fallut se résoudre à signer l'abdication de la couronne qu'elle tenait de ses aïeux. Le pouvoir de ses charmes décida le jeune Douglas, qui était au nombre de ses geôliers, à partager sa fuite. Une barque les transporta sur le bord du lac en un lieu qui depuis a gardé le nom de *Mary's-Know* (le tertre de Marie). Douglas, pour empêcher qu'on ne les suivît, avait eu la précaution de jeter dans le lac les clefs de la porte du château; ces clefs ont été retrouvées dans le filet d'un pêcheur, en l'année 1805. On les montre dans la maison de ville de Kinross, où, après elles, ce que j'ai trouvé de mieux sans contredit, a été un repas exquis en oiseaux aquatiques. Le lac Lewen a onze milles de circonférence, et le chiffre de onze se reproduit si souvent dans sa description, qu'on prétend qu'il lui doit son nom, contraction d'*eleven:* ses eaux baignaient jadis les domaines de onze seigneurs rivaux; onze ruisseaux ou petites rivières s'y jettent; il contient onze espèces de poissons; et onze espèces différentes d'arbres ombragent ses îles.

La ville de Perth est belle, mais de cette beauté d'une veuve désolée, d'une reine à qui on a enlevé sa couronne; c'est que, voyez-vous, avant qu'Édimbourg devînt la capitale de l'Écosse, cet honneur appartenait à la ville de

Perth. Un digne habitant, quelque peu enfiévré de la manie des antiquités, me racontait avec orgueil que, lorsqu'Agricola et son armée découvrirent pour la première fois la campagne où depuis Perth fut assise, et le fleuve qui devait l'abreuver un jour, ils furent tellement frappés de la ressemblance de cette contrée avec la contrée arrosée par le Tibre, qu'ils s'écrièrent d'un commun transport : *Voici le Tibre ! voici le champ de Mars !* Et aussitôt Agricola, qui voit une colonie à fonder, d'établir un camp et de bâtir une ville avec une forteresse. On montre les ruines de l'aqueduc qui servit à amener dans les fossés les eaux de l'Almond. La ville actuelle, bien que les arts aient peu fait pour elle depuis nombre d'années, a une physionomie élégante, qui séduit. On ne peut refuser un éloge au magnifique pont jeté sur le Tay, qui se compose de dix arches, et qui compte 906 pieds de long sur 22 de large entre les parapets.

Mon antiquaire était un excellent homme, qui justement se disposait à aller rafraîchir ses vieux souvenirs sur les bords de ses lacs chéris; il voulut bien me permettre de faire route avec lui.

Nous sommes d'abord venus lire la tragédie de Macbeth, en face du château de Scone que plusieurs anciens auteurs ont nommée la capitale du royaume des Pictes. Nous avions pris place sur un tertre où les anciens rois de la contrée ont, dit-on, rendu la justice. Un riant village a succédé à la vieille ville, si souvent souillée par le meurtre. Sur l'emplacement du vieux palais le comte de Mansfield en a fait construire un neuf, qui renferme une collection de tableaux précieux. On a conservé dans les nouveaux appartements un grand nombre de meubles qui ont orné les anciens; et notre curiosité eut à s'exercer sur un lit de velours cramoisi, brodé, dit-on, par la reine Marie, lors de sa captivité sur le lac Lewen.

En reprenant notre route, notre conversation tomba sur la tragédie de Macbeth et sur la croyance que les Écossais de tous les siècles ont ajoutée aux prédictions.

Le don de seconde vue ou de prédiction, me dit mon compagnon de voyage, est un privilége particulier, encore de nos jours, à l'Écosse, et surtout aux habitants des îles; privilége fatal, car il en est des prophètes ou voyants des Hébrides, comme de la Cassandre des Grecs : ils sont malheureux par anticipation d'un danger qu'ils prédisent en vain à l'imprévoyance opiniâtre des hommes. Voici une anecdote que vous entendrez raconter à toutes les tables d'hôte en Écosse.

Dans une auberge de Killin, ville du comté de Perth, un homme doué de seconde vue, un voyant, était à table; un inconnu entre, aussitôt le voyant tressaille, quitte la table et s'enfuit en courant. On le poursuit, on l'atteint, et il avoue qu'il s'est enfui, parce que le nouveau venu, qu'il ne connaît pas, est destiné à périr sur l'échafaud dans deux jours, et qu'à cette révélation s'est joint à lui un irrésistible instinct de terreur personnelle. L'inconnu s'irrite de sa prédiction, comme d'un outrage, tire sa claymore (courte et large épée particulière aux Écossais) et l'enfonce dans le cœur du voyant; l'assassin est arrêté, jugé à l'instant, et périt deux jours après du supplice qui lui avait été prédit.

La seconde vue, à croire certains Écossais, n'est pas seulement un don naturel, c'est aussi une science qui peut se communiquer par une initiation. Un vieil auteur a ainsi traité la question :

« A l'aide de certaines solennités on peut investir un homme de tout le secret de la seconde vue. L'initié se procurera d'abord une corde en crin qui ait servi à fixer le couvercle d'un cercueil, et se ceindra les reins avec cette corde. Il inclinera ensuite sa tête, comme fit le prophète Élisée, de manière à pouvoir regarder entre ses jambes, et restera dans cette position jusqu'à ce qu'il aperçoive passer un enterrement. Il convient d'avertir que, pour peu que le vent change tandis que l'initié est dans la position susdite, l'initié court danger de mort. Il est donc plus prudent pour l'initié de s'en tenir à un autre procédé, qui consiste à poser son pied gauche sous le pied droit d'un voyant, qui, de son côté, pose sa main droite sur la tête de l'initié. Dans cette attitude l'initié regardera par-dessus l'épaule du voyant, et il apercevra une multitude de personnages furieux, qui accourront à lui de toutes les parties de l'horizon, aussi nombreux que les atomes qui flottent dans l'air. »

La petite ville de Linlintgow servit de théâtre à l'une des apparitions les plus effrayantes et les mieux constatées, vous diront les amateurs du genre, dont la tradition écossaise ait gardé le souvenir.

Le roi Jacques IV se préparait à l'expédition qui se termina par sa mort à la bataille de Floddenfield. Or, un matin qu'il écoutait la messe dans l'église de sa bonne ville de Linlintgow, se présente un homme d'une cinquante d'années, qui traverse la foule des seigneurs et se fait faire place d'un air d'autorité, en annonçant qu'il a un avis de la plus haute importance à communiquer au roi. Il était vêtu d'une longue blouse bleue que retenait une ceinture blanche, avait aux pieds des brodequins, et ses cheveux blonds tombaient jusque sur ses épaules. Le roi priait, lorsque cet homme, l'abordant sans façon aucune, se penche sur le prie-Dieu, et dit : « Messire roi, ma mère m'envoie vers vous, pour vous avertir de ne pas aller où vous avez l'intention d'aller, sinon il arrivera malheur à vous et à tous ceux qui iront avec vous. » Jacques, étourdi de cette singulière allocution, baissa les yeux, comme pour réfléchir ou se recueillir avant de répondre; mais lorsqu'il releva la tête, l'homme n'était plus là. On n'a jamais su où il avait passé, ni comment il avait disparu; tout le monde l'avait vu entrer, personne ne le vit sortir. Les uns de dire que c'était S. André en personne; d'autres, S. Jean parlant au nom de la vierge Marie. Ce n'est que de nos jours que la critique historique a osé soupçonner en lui un saint de la façon de la reine, femme de Jacques, très-opposée à la guerre méditée par son chevaleresque époux.

Le roi crut avoir fait un songe; mais sa résolution de faire la guerre était bien prise. Un second avis, parti probablement de la même source que le premier, fut donc employé encore: cette fois Édimbourg fut choisi pour lieu de la scène. A l'heure de minuit, quand tous les habitants dormaient, un bruit étrange éclata tout à coup. Chacun de courir à sa fenêtre. Les yeux eurent peu à voir à travers la nuit sombre; mais les oreilles eurent à ouïr. On distingua parfaitement des fanfares de trompettes, et puis une voix, qui semblait partir du pied de la croix en pierre, où se faisait d'ordinaire la proclamation des ordonnances et décrets du royaume. La voix récita une longue kyrielle de noms, tous noms de comtes et barons de la brave chevalerie d'Écosse, que la redoutable voix somma ensuite de comparaître sous quarante jours devant le tribunal de Dieu. Tous ceux dont les noms avaient été compris dans la proclamation fantastique, trouvèrent ainsi que le roi, peu de temps après, la mort sur le champ de bataille de Flodden. Quand je dis tous, je fais erreur : la tradition rapporte qu'un seul échappa, grâce à l'heureuse idée qu'il eut en s'entendant sommer d'une façon si étrange, de crier à l'instant même de son balcon, qu'il en appelait à la miséricorde de Dieu.

L'halloween est la nuit qui précède la Toussaint (*all-Hallows*). Cette nuit-là il y a une espèce de trêve entre les esprits et l'homme; cette nuit-là, l'intelligence la plus vulgaire peut, à l'aide de certains charmes, connaître l'avenir. Les jeunes filles se prennent par la main et vont, deux par deux, les yeux fermés, arracher le premier chou qu'elles rencontrent dans le potager. Tant mieux pour celle dont la main tombe sur un beau chou : c'est signe que son futur sera beau. Si le chou est petit et laid, le futur sera maigre, chétif ou bossu. S'il est resté beaucoup de terre à la racine, le futur sera riche; si la tige du chou est douce au goût, le futur aura un bon caractère; si elle est aigre, c'est un détestable signe. Deux jeunes fiancés attachent aussi le présage de leur bonheur ou de leur malheur à deux noix que l'on fait brûler ensemble dans le feu, et qui tantôt se consument tranquillement côte à côte, tantôt s'écartent et éclatent en pétillant, selon que le ménage doit être paisible ou troublé par les querelles et les brouilles. Une jeune fille qui n'a pas encore d'amoureux, s'approche d'un miroir, et ferme les yeux en mangeant une pomme; puis, quand elle les rouvre, elle voit dans la glace se pencher sur son épaule le visage de celui qui l'aime ou qui doit l'aimer un jour. Elle obtiendra la même apparition en semant des graines de chanvre, pourvu qu'elle n'oublie pas de répéter en même temps certaines paroles consacrées.

La sorcière participant de la nature du démon et qui n'est d'aucun sexe, la sorcière telle que l'a peinte Shakespeare, dans son Macbeth, ne se trouve plus dans notre siècle; mais en revanche, le type que Walter Scott a si souvent reproduit, existe encore. La vieille à la peau ridée, au chef branlant, se réchauffant à un pot où brûlent à peine quelques charbons sous la cendre, marmottant des paroles mystérieuses, et n'ayant pour unique compagnon que son chat, qui n'est un chat que par la forme, mais qui en réalité est le diable en personne, est encore aujourd'hui connue dans la haute comme dans la basse Écosse, dans les montagnes comme dans les îles Hébrides. La maudite vieille enfourche encore son balai pour se rendre au sabbat; mais tout le pouvoir qu'elle en rapporte, c'est quelque sortilége à jeter sur les vaches de ses voisins.

Le nécromancien est un type qui a disparu entièrement. Le sortilége est décidément tombé en quenouille; mais il y a un siècle tout au plus, on vous aurait parlé avec vénération de nécromanciens célèbres, de Michel Scott, par exemple. Michel Scott était un habile nécromancien, qui par la puissance de son art tenait sous ses ordres les suppôts du diable et les faisait travailler comme des ouvriers ; puis, quand venait l'heure du payement, il se plaisait à leur jouer de fort mauvais tours. D'un seul coup de baguette il tripla la hauteur de certaines masses rocheuses en pain de sucre, que vous pourriez voir ici dans le voisinage. Un autre jour il improvisa, en une nuit, d'admirables ponts sur la Tweed. Ses ouvriers mystérieux lui demandaient incessamment de l'ouvrage, et tout son embarras était de leur en jamais laisser manquer. Pour ce faire, un jour qu'il était las de leur service, et bien décidé à ne plus utiliser leur talent, il leur demanda de lui fabriquer des cordes avec du sable tordu. Les démons essayèrent, mais ce fut pour eux le travail des Danaïdes dans l'enfer classique. Ils vinrent en conséquence supplier Michel de leur permettre d'ajouter au moins un peu de paille à la matière première de cette étrange fabrication ; Michel refusa, et, à l'heure qu'il est, les démons sont encore occupés à leur tâche impossible.

Dunkeld.

18 août.

Avant d'entrer à Dunkeld, nous saluâmes la célèbre colline de Birnam, dont Macbeth (qui du reste manquait moins d'intelligence que de probité) se refusait assez judicieusement à croire que la forêt se mît jamais en marche contre lui.

Dunkeld, jadis capitale de la Calédonie, est aujourd'hui simplement une grosse manufacturière de calicot. C'est tout au plus s'il lui reste une gothique abbaye à présenter à la curiosité des étrangers; et encore a-t-elle eu la maladresse d'en restaurer les ruines avec le goût le plus exécrable. Quoi qu'on ait fait, on n'a pu nuire à l'élégance de la tour, qui persiste à se tenir debout malgré une cicatrice (les barbares du lieu disent une lézarde) d'environ deux pouces de large, s'étendant de la base de l'édifice jusqu'à la croisée la plus élevée.

Aux environs de Dunkeld on va chercher, à travers un bois, la salle d'Ossian (*Ossian's-*

Hall). Un tableau placé en face de la porte d'entrée représente le vieux barde chantant au milieu d'une troupe de femmes qui l'écoutent. Près de lui reposent sa lance, son arc, son carquois et *Bran*, son chien fidèle. Tout à coup le tableau disparaît pour faire place à une croisée, et la cascade du Braan se présente dans le même cadre. Les miroirs incrustés au plafond et sur les murailles de la salle, reproduisent la cascade sous mille points de vue différents. Toute cette fantasmagorie m'a laissé froid. Je vénère Ossian; mais j'aurais beaucoup mieux aimé qu'on me servît ma cascade au naturel.

Je ne connais rien de plus gracieux que le village et l'auberge de Blair, situés sur une colline au confluent de deux torrents à l'entrée de la vallée d'Atholl, dont la nature a disposé les versants en plusieurs terrasses, les unes couvertes de gazons et de fleurs, les autres couronnées de grands bois.

Le château d'Atholl, que l'on nommait jadis le château de Blair, s'élève sur un tertre au centre de la vallée, dont il semble le souverain. On ignore la date de sa construction. La nature a répandu dans les environs d'Atholl tout ce qu'elle peut produire de plus romantique et de plus sublime : vallons, torrents, cascades, tout y commande l'admiration. A côté de ces merveilles de la nature, la civilisation a placé dans de bons hôtels tout le comfort connu en Angleterre, et messieurs les visiteurs peuvent mener ici une vie de délices.

Ce qu'on vient admirer surtout, ce sont les chutes du Bruaar, qui se voient à quatre milles de Blair-Atholl.

L'arche d'un pont vomit le torrent qui, traversant une seconde voûte que ses flots ont creusée dans le roc, se précipite au fond d'un sombre bassin, où il trouve enfin le repos. Un sentier tracé sur l'escarpement d'un ravin conduit de la première chute à la grande cascade. Celle-ci, qui n'a pas moins de 200 pieds de hauteur, forme trois courbes, dont l'inférieure égale en élévation les deux autres.

Puisque me voici au pied des monts Grampians, que je m'étais imposé la loi de ne pas franchir, je vais poser un instant la plume.

Inverness.

Les Highlands. — Les îles Hébrides. — Orcades. — Schetlands.

19 août.

Nous sommes restés hier au pied de la chaîne des monts Grampians; avant de tourner le dos aux contrées septentrionales de l'Écosse, mon compagnon de voyage voulut bien me donner quelques détails sur la contrée que je renonçais à visiter.

Vous savez déjà, me dit-il, que l'on donne le nom d'*Highlands* ou terres hautes à la partie montagneuse de l'Écosse. Le comté de Perth, où nous nous trouvons, fait déjà partie des Highlands, qui s'étendent jusqu'à l'extrémité nord de l'Écosse. Ces montagnes ne sont pas cependant très-élevées, si nous les comparons à vos Alpes ou même à vos Pyrénées, puisque notre Ben-Newis (*ben*, ici signifie montagne), dont nous sommes si fiers, n'atteint qu'à 4200 pieds au-dessus du niveau de la mer; le Ben-More n'en a que 3900, et le Ben-Lomond, 3200. Elles sont en général assez nues, surtout en se rapprochant de la mer, sans être cependant entièrement dépouillées de bois, surtout à l'ouest. Des forges établies à Bunaw et Inverrary sont entretenues par les bois des environs; il y a une grande forêt au bout du lac Eil. Depuis près d'un siècle et demi d'immenses plantations ont été faites dans la partie de l'est à Dunkeld, à Blair et dans toute la contrée qu'arrose le Tay : le duc d'Atholl a planté là plusieurs millions de sapins. Il existe aussi quelques bois anciens sur la Dée, cependant on est obligé d'importer par mer à Inverness le bois de charpente dont on peut avoir besoin. Plusieurs taillis sont en coupe réglée pour le tan.

Les gorges et vallées de ces montagnes sont généralement marécageuses et remplies de tourbe et d'eaux stagnantes. Cette tourbe, dans laquelle on trouve beaucoup de morceaux de bois et même quelquefois des arbres tout entiers, ce qui prouve qu'autrefois le pays était boisé, est extrêmement abondante dans toute l'Écosse; elle a peu d'odeur et forme le seul chauffage des Highlanders, qui jamais même ne se donnent la peine de la chercher à une grande profondeur. Les gorges (*glens*) sont très-peu cultivées; les vallées (*straths*) le sont davantage. Il y en a de fort belles, où l'on cultive du lin, qui se file dans le pays; des pommes de terre et de l'avoine, nourriture ordinaire des habitants, et de l'orge, dont on fait une eau-de-vie très-forte que l'on nomme *whiskey*.

Depuis une quantité d'années, les moyens de communication ont immensément gagné. Regardez sur la carte la *grande vallée de Calédonie*, qui s'étend du fort William jusqu'à Inverness et traverse l'Écosse dans sa largeur du nord-est au sud-ouest; cette vallée d'une longueur de près de 50 milles. Le fond de la vallée est presque entièrement occupé par une chaîne de lacs magnifiques. Sa largeur moyenne est d'un mille; mais dans certains endroits elle en a à peine le quart. La double chaîne de montagnes escarpées, entre lesquelles elle se prolonge, offre dans ses irrégularités une symétrie si frappante, que messieurs les géologues n'ont pas hésité à conclure que la vallée était le résultat d'une commotion qui a dû être terrible, à en juger par ses effets. A propos de commotion, j'ajouterai que le sol ne paraît pas encore disposé à un repos parfait, à en juger par le tremblement de terre qui se fit sentir en 1809 dans presque toute l'Écosse, et surtout à Inverness. Dans le courant de l'année 1817 on eut de nouveau à subir cinq secousses à quelques mois de distance; une fut d'une violence extrême, les quatre autres furent moins effrayantes.

Là où une force inexplicable avait déployé tant de puissance, l'art moderne est venu ajouter ses utiles merveilles. Un canal (le *grand canal*, comme on l'appelle), qui a coûté plus de 25 millions de francs, a été ouvert à la navigation en 1822, après vingt années de travaux. Il joint les deux mers en suivant dans toute son étendue la vallée de Calédonie, et passant d'un lac dans l'autre. Sa largeur est de 120 pieds à la partie supérieure et de 50 au fond; sa profondeur, de 20 pieds. Les écluses ont 40 pieds de large. Il peut recevoir des frégates de 32 canons. Le point culminant, celui où il atteint le lac Oich, ce petit lac, entre les lacs Lochy et Ness, se trouve à un niveau de 90 pieds au-dessus des plus hautes marées.

A quelques milles du lac Ness est Culloden, où se donna la bataille qui décida des derniers efforts tentés par les Stuarts pour ressaisir la couronne. Ce fut dans une chaumière près du lac de Ness que le prétendant Charles-Édouard se cacha pendant deux jours après sa défaite. Le pauvre montagnard, qui devint l'hôte du royal proscrit, s'appelait Kennedy. Il fut pendu quelques années après à Inverness, comme coupable d'avoir volé une vache. Il faut savoir que le vol d'une vache était jadis en Écosse un exploit de héros, plutôt qu'un acte de bandit; et le pauvre Kennedy, pressé d'abord par la faim, aurait pu dire à ses juges : « Vous faites pendre comme voleur un homme qui refusa de livrer un proscrit dont la tête valait 30,000 liv. sterl. (plus de 750,000 fr.). »

Pendant que nous sommes à Inverness, promenez votre doigt le long de la côte méridionale du golfe de Murray, et arrêtez-le au fond d'une baie sur la petite ville de Forres. Là est un monument qui a fait barbouiller bien du papier aux antiquaires. C'est un monolythe du granit le plus dur, taillé en obélisque et ayant 20 pieds de haut sur 3 pieds de large à la base.

Il est chargé de bas-reliefs d'une exécution plus que faible, mais bien curieux pour les savants qui s'occupent de les interpréter et ont inventé mille explications bizarres.

Vers le sommet est un animal dont il est difficile de désigner l'espèce, mais qui, à la rigueur, peut rappeler un éléphant. Au-dessous neuf cavaliers peuvent être présumés se réjouir d'une victoire; plus bas des fantassins se livrent à de grandes démonstrations de joie en agitant leurs glaives, leurs boucliers, et en se serrant mutuellement les mains; au-dessous deux guerriers paraissent commencer un combat singulier au milieu de leurs compagnons d'armes; puis un soldat tranche des têtes en présence des hallebardiers, les corps des décapités sont rangés à terre; puis des musiciens sonnent une fanfare et des soldats semblent se livrer à des jeux militaires; puis des cavaliers sont poursuivis par des fantassins, dont le premier rang est armé de flèches; enfin, les cavaliers ont la tête tranchée, et leurs chevaux sont gardés à la main par des hommes de pied.

Cet obélisque mystérieux, élevé à l'extrémité de l'Écosse, de quel événement a-t-il été destiné à consacrer le souvenir? La tradition populaire l'appelle *pierre de Sueno*. Il y a eu un roi norwégien du nom de Suenon, y a-t-il quelque rapport entre la pierre et le roi? Dieu seul peut le savoir, dont l'œil est constamment ouvert sur tout ce qui se passe dans l'immensité de l'univers pendant la succession des siècles.

Au nord du lac Ness on voit la belle route militaire qui acheva la pacification de l'Écosse. Du jour où les armées régulières purent pénétrer dans les montagnes, les mœurs patriarcales des chefs de clan et les habitudes de bandit des descendants de Gaël, n'opposèrent plus qu'une faible résistance à la civilisation britannique.

Les montagnes qui recommencent au Nord après Inverness, et où les habitants sont demeurés les plus sauvages, se terminent au Caithness, pays plat, couvert de marais, mais parsemé de portions de terrain assez fertiles en orge et en avoine, pour qu'on en exporte souvent.

Vous concevez facilement que les Highlands offrent peu de villes. Dunkeld (vous le connaissez déjà) et Inverrary, qui sont à l'entrée;

Thurso et Wick, qui sont à l'extrémité opposée dans le Caithness, ne sont que de petits bourgs. Inverness, située au fond du golfe de Murray, et dont la population est d'une dizaine de mille âmes, est regardée comme la capitale.

Les Highlands ne sont guère peuplées ni susceptibles de l'être mieux, leur sol se prêtant peu à l'amélioration de l'agriculture. Quand on parviendrait à dessécher à grands frais les meilleures de leurs vallées, le climat extrêmement pluvieux s'opposerait encore à ce qu'on en tirât un grand avantage. Il est très-rare qu'on puisse rentrer les récoltes sèches. Il y a une quarantaine d'années, le duc d'Argyle eut l'idée de faire construire à Inverrary d'immenses greniers, percés à jour dans le bas, et armés d'un grand nombre de chevilles de bois pour y attacher les gerbes et les faire sécher; mais de tels frais d'exploitation sont à la portée de bien peu de propriétaires; et là tout le monde à peu près est pauvre.

Le montagnard loge pour l'ordinaire dans une misérable hutte, très-basse, faite dans quelques lieux de pierres sans choix, avec un lit de gazon entre deux. Lorsque la pierre manque, on se contente de morceaux de gazon posés à plat les uns sur les autres. Ailleurs, surtout dans l'ouest, les plaques de gazon sont fixées, par des chevilles de bois ou des liens, à une espèce de claie. Quelques branches d'arbres portent le toit, qui est aussi de gazon, quelquefois recouvert de bruyère ou de paille, et sur lequel on pose, pour empêcher le vent de l'emporter, de fortes cordes de bruyère, où sont attachées de grosses pierres. Pas de fenêtres : quelquefois deux ou trois trous irrégulièrement percés, donnent passage à la lumière, qui du reste s'introduit par une ouverture ménagée dans le toit, ouverture par où s'échappe la fumée du foyer, établi sur quatre ou cinq pierres non assemblées. L'intérieur de l'habitation est divisé en deux, et l'un des côtés sert d'étable. Quant au mobilier de la chambre de la famille, en voici l'inventaire : quelques mauvais bouts de banc; une armoire ou un coffre; une couverture étendue dans un coin sur de la paille ou de la bruyère, que retiennent des bouts de planche ou des pierres plates; quelques vases de terre; un chaudron de fer; une plaque de fer pour cuire les galettes; une pierre pour moudre l'avoine; une table, et quelquefois un rouet. L'hiver on s'éclaire en brûlant des branchages ou, à leur défaut, des racines que l'on trouve dans la tourbe.

Cinq ou six de ces huttes, avec quelques granges d'une construction aussi riche, forment ce qu'on appelle un village. Souvent elles sont parsemées sur les montagnes, et comme elles sont de la couleur de la terre, on ne les aperçoit que lorsqu'on y touche. On est tout étonné d'en voir sortir des hommes et des femmes vêtus avec une sorte de coquetterie. L'élégance se retrouve dans le plus chétif costume.

Vous m'objecterez, d'après les souvenirs historiques, que les Higlands ont cependant de vieux châteaux. Tous, ou à peu près tous, sont remarquables par leur exiguité; ils ne ressemblent pas mal à ces fabriques dans le style gothique, dont les grands parcs de l'Angleterre sont souvent ornés. Quant aux demeures des propriétaires aisés, elles sont au-dessous du médiocre; d'ailleurs cette classe est peu nombreuse. Les immenses propriétés des ducs d'Argyle, de Gordon, d'Athol, des lords Breadalbane, et Mac-Donald, etc., couvrent presque tous les Highlands. Pour être riche dans ces contrées, il faut souvent avoir des milliers d'acres de terre ou plutôt de rochers.

Presque toutes les terres sont louées à des fermiers, *tashmen*, souvent parents des propriétaires, et qui les sous-louent communément pour un an, ou les font cultiver par des ouvriers. Ceux-ci, qui sont obligés de travailler pour leurs maîtres toutes les fois qu'ils en sont requis, en reçoivent un peu de terrain pour bâtir leur hutte, cultiver des pommes de terre et nourrir une vache, un acre ou deux de mauvaises terres arables, et un demi-boisseau d'avoine par semaine de travail. Il y a aussi quelques métayers à qui on fournit bestiaux et semences, et avec qui on partage les récoltes.

La langue qu'on parle dans les Highlands est un mélange de l'ancien celte et de la langue punique, qu'on y appelle *galic*, et que nous nommons *erse*, ainsi que les Anglais. C'est la même que l'irlandais, et c'est dans cette langue qu'ont été composées les poésies d'Ossian. Il paraît que ce barde célèbre vivait vers la fin du troisième siècle, entre la chute des Druides, dont il fut un des derniers disciples, et l'établissement du christianisme. On doit à Macpherson une élégante traduction des chants de ce poëte, conservés par tradition.

C'est également par tradition que se sont conservées les généalogies des principales familles de chaque clan, et les événements intéressants qui se passaient dans leurs montagnes; car on ne connaît pas (ainsi que l'a constaté le savant écrivain Johnsohn) de manuscrit erse antérieur à deux cents ans. Outre les bardes qui étaient attachés à chaque chef et leur servaient d'ambassadeurs, il y avait dans chaque clan des *senachies* ou historiens, qui en racontaient l'histoire et récitaient les éloges des chefs et de leurs ancêtres, que chantaient les bardes. Ils y mêlaient sans doute tout ce qui pouvait flatter la vanité, et tout en faisant remonter la famille de la personne célébrée à la plus haute antiquité, ils pouvaient aisément, d'après l'identité de nom, donner facilité à des branches éloignées de s'enter sur celle du chef. Tous les individus d'un clan se disant de la même famille, il ne pouvait y avoir de mésalliances, et l'orgueil attache encore aujourd'hui à ces sortes d'unions, dans ces montagnes, moins de défaveur que dans le reste de l'Europe. Je ne sais plus quel voyageur cite un charpentier sans fortune, qui avait épousé la proche parente d'un des lords les plus riches et les plus distingués des Highlands, et qui vivait dans la plus grande intimité avec la famille de sa femme. Depuis les derniers progrès de la civilisation britannique de tels exemples tendent cependant de jour en jour à devenir plus rares.

La religion la plus répandue en Écosse est le presbytérianisme. Quoiqu'il n'ait rien perdu de son caractère d'inspiration chaleureuse, il s'est guéri cependant, il faut l'avouer, de cet esprit d'intolérance qui le distingua dans certaines époques de l'histoire : aujourd'hui les presbytériens vivent dans une intelligence parfaite avec les fidèles des autres religions. Dans la Basse-Écosse il n'est pas rare de voir dans une seule famille, dans un seul ménage, des personnes appartenant à deux ou trois cultes différents, sans que la paix domestique en soit troublée; et l'on ne se divise, pour me servir de l'expression de je ne sais quel voyageur anglais, qu'à la porte des églises. Dans beaucoup de localités l'église presbytérienne, l'oratoire des épiscopaux et la chapelle des catholiques se touchent à peu près. C'est spécialement dans une partie du comté d'Inverness et dans la zone la plus occidentale des Hébrides que le culte catholique s'est maintenu depuis le moyen âge.

Les Anglais établis en Écosse sont naturellement épiscopaux. Le méthodisme compte aussi des sectaires, ainsi que l'anabaptisme.

Dans le nord de l'Écosse, où les églises et les ministres du culte sont en petit nombre, et où la population est disséminée entre les rochers et les lacs, la cérémonie de la communion se fait une fois par an, ou même une fois tous les deux ans pour plusieurs paroisses à la fois, et attire les habitants de près et de loin. Le culte se célèbre alors en plein air. J'emprunte à M. Depping la traduction qu'il a donnée de la relation d'une cérémonie de ce genre, célébrée dans un site sauvage, à Loch-Inverness dans le Sutherland.

« Nous nous approchâmes du lieu de la réunion : c'était un désert entouré de montagnes escarpées, où l'on n'apercevait nulle part les traces de la main de l'homme. De tous les côtés on voyait arriver les montagnards à pied et à cheval; et sur le lieu même une multitude d'individus était déjà assise sur une pente légère, attendant en silence l'arrivée du pasteur. J'estimai cette multitude à 3000 individus; mais on m'assura que j'étais fort au-dessous du compte; des rochers bordaient sur trois côtés l'espèce d'amphithéâtre occupé par l'auditoire. On commença enfin à entonner un psaume; on chantait à pleine voix, et les rochers répercutant dans les airs ce chant pieux, on aurait dit qu'un chœur céleste répondait au chant de la communauté.

« Deux tables étroites, couvertes d'un linge très-blanc, étaient placées au milieu; le prédicateur occupait une hutte en bois qui ressemblait à une guérite, à moitié ouverte sur le devant, et qui devait le mettre à l'abri du soleil et de la pluie. Un air de décence et de recueillement était répandu sur toute l'assemblée. Après les prières, qui durèrent une demi-heure, le pasteur prononça avec beaucoup d'onction un discours en galique : le ton de son sermon était bienveillant; ses gestes n'étaient pas dépourvus de dignité. Il adressa ensuite à ses ouailles une exhortation sur la communion qui allait avoir lieu. On apporta du pain sur des plats d'argent, et du vin dans des calices du même métal ; les anciens de la communauté en firent la distribution, pendant que le pasteur, debout auprès des tables faisait la lecture de passages du Nouveau-Testament, ou continuait les exhortations. Avant la communion on avait fait une quête pour les pauvres. »

Au moment où il achevait cette description des Higlands, le doigt de mon compagnon de voyage se trouvait par hasard porté un peu plus à l'ouest. Puisque nous ne voyageons en ce moment que sur la carte, reprit-il, il ne nous en coûtera pas davantage de jeter un coup d'œil sur les Hébrides, et ensuite sur les Orcades.

Les Hébrides, anciennement nommées Ébudes, et que les Anglais appellent communément îles de l'ouest, *Western-Islands*, forment un long archipel à l'ouest de l'Écosse et au nord de l'Irlande. Nul doute qu'elles ne doivent leur existence à quelque grande convulsion de la nature, qui les a séparées de ces deux terres, les eaux et le feu se sont réunis pour leur donner naissance. L'îlot de Staffa, à la pointe de l'île de Mull, sur la côte d'Écosse, la chaussée des géants et l'îlot de Raghery sur celle d'Irlande, sont peut-être les restes de volcans les plus grands et les plus majestueux dont on ait connaissance.

Les Hébrides sont au nombre de plus de trois cents; beaucoup sont très-petites; mais environ quarante sont habitées. La population totale des Hébrides n'est pas estimée à cent mille âmes.

Bute et Arran, à l'embouchure de la Clyde, sont les plus civilisées. Isla est assez fertile; Jura l'est moins; Mull est un amas de montagnes couvertes en grande partie de bruyères, mais où il y a quelques bons pâturages et beaucoup de bestiaux.

Voyez-vous ce petit point à l'extrémité de Mull, où est écrit Iona, que l'on appelle aussi Icolmkill? Eh bien, c'est le point le plus célèbre dans les Hébrides. S. Colomban, qui prêcha l'Évangile dans ces parages, vers 560, fonda à Iona un monastère, dont l'abbé exerça une juridiction extraordinaire sur les évêques de Calédonie, et qui devint le centre du savoir pour le nord de l'Europe, et la sépulture de plusieurs rois écossais, irlandais et norwégiens. Dans la tragédie de Macbeth il est dit, au sujet de l'infortuné Duncan : « Il a été porté à Icolmkill, le lieu de sépulture de son prédécesseur. » On y voit encore des restes assez considérables d'églises, de couvents et de tombeaux. Cet îlot n'a que quatre milles de long sur deux de large; mais il est très-fertile. On y compte environ deux cents habitants.

Un voyageur en Écosse aime toujours les histoires de sorcières. Écoutez une tradition où la sorcière de Corryvreckan, un chétif îlot perdu, aux environs de l'île Jura, joua le rôle bienfaisant.

Les Hébrides ont été pendant tout le moyen âge le séjour de chefs de pirates, qui y étaient venus de la Norwége et avaient formé des établissements. Dans la suite, quand la Norwége perdit sa souveraineté sur ces îles, elles eurent des rois, appelés aussi *lords des îles*. Les rois d'Écosse eurent bien de la peine à les repousser de leurs côtes, que ces successeurs de pirates infestaient toujours. Ce fut au seizième siècle seulement que les Hébrides devinrent enfin un archipel paisible. Or, dit la tradition, pendant le règne d'un de ces lords des îles, Mac-Donald, une princesse espagnole, attirée par la réputation des saints édifices de l'île d'Iona, résolut de s'y rendre en pèlerinage. Tandis qu'elle faisait le tour de l'île Mull, sa beauté brune, en parfait contraste avec celle des blondes Hébridiennes, frappa vivement tous les guerriers : « Elle est noire comme un corbeau, dit l'un; elle ne saurait pas danser un *réel* (sorte de danse nationale aux Hébrides), dit un autre; c'est une vraie peau d'Afrique, » dit un troisième; mais tous au fond du cœur éprouvaient quelque chose qui démentait leurs dédains affectés pour l'étrangère. « Noire ou brune, Africaine ou Espagnole, s'écria à son tour Mac-Lean de Duart, c'est la plus belle femme que j'aie jamais vue, et j'aurai le courage de le lui dire à elle-même. » Il se jette dans une barque, aborde la galère de la princesse, et s'offre à lui servir de pilote jusqu'à Iona, dont les écueils offrent des dangers.

« Êtes-vous le roi de ces îles ? lui demandat-elle. — Je suis le roi de la mienne, répondit le fier Mac-Lean. — Mais vous avez un roi au-dessus de vous? — Mac-Donald est roi des îles; moi, je suis roi de Duart. »

La princesse espagnole trouva ce titre suffisant, pour que Mac-Lean lui servît de chevalier après lui avoir servi de pilote; et elle entra dans l'église d'Iona, appuyée sur son bras. L'Insulaire avait trop compté sur son courage, quand il avait dit qu'il oserait parler d'amour. La sainteté du lieu le retint d'abord, et ensuite une timidité qu'il ne pouvait s'expliquer, mais qu'il demeura impuissant à surmonter. La princesse avait à traiter une affaire diplomatique avec Mac-Donald, et elle prit le chemin de sa cour.

Le roi des îles était admirateur de la beauté, et la timidité n'était point son défaut. Lorsqu'après la négociation terminée, la princesse voulut partir, elle eut à essuyer une déclaration; et comme elle ne se montra pas disposée à y répondre, elle se vit sans façon retenir prisonnière. Que faire? Elle se ressouvint du serviable Mac-Lean, et par un message secret l'informa de sa situation. Mac-Lean, dont le courage est doublé par l'amour, arme son ... ...orce par surprise le château de Mac- ...t revient chez lui, ramenant la princesse libre et le roi des îles prisonnier à son tour.

La belle Espagnole ne put éviter de se montrer reconnaissante; mais ne voilà-t-il pas que son père commence à s'impatienter d'une absence infiniment trop prolongée, et qu'il envoie pour la réclamer un amiral à la tête d'une flotte imposante.

Mac-Lean avait pu vaincre le roi des îles; mais comment résister à toute une flotte espagnole? Il va consulter la sorcière de Corryvreckan. Celle-ci, sans répondre, prend son mouchoir pour tout bagage, et se transporte au rocher sur lequel était bâti le château de Duart.

Quand l'amiral eut jeté l'ancre sous ce rocher sourcilleux, il commença par s'étonner du calme qui régnait tout à l'entour. Peu de préparatifs de défense, aucun signal d'alarme. C'était un vieux marin qui avait de l'expérience, il regardait à droite et à gauche; rien. « Mousse, cria-t-il enfin, grimpe tout au haut du mât, et dis-moi ce que tu vois.—Amiral, je vois un corbeau noir qui vole en tournoyant au-dessus de la crête du rocher. — Mousse, regarde encore. — Amiral, voici deux autres corbeaux qui viennent joindre le premier. — Mousse, regarde toujours. — Amiral, voici trois autres corbeaux, six en tout. Eh! pardon, amiral, en voici un septième.—Redescends, dit l'amiral, dont le front s'était rembruni; matelots, à vos postes!»

Mais il était trop tard, une tempête épouvantable fondit sur le vaisseau amiral et sur toute la flotte, qui fut dispersée et ne reparut plus jamais.

Chaque fois que la sorcière de Corryvreckan avait agité son mouchoir, un corbeau était accouru apportant un grain d'orage sous son aile. Or, les sept corbeaux étaient sept sorcières de ses amies. La princesse épousa Mac-Lean, et oublia l'Espagne dans les Hébrides.

Les formes que peuvent prendre les sorcières, sont réglées par une espèce de code de leurs priviléges. Elles peuvent se changer: 1.° en pierres: alors elles se placent dans un champ qu'on laboure, et le paysan voit le soc de sa charrue se briser dans le sillon; 2.º en pies : ordinairement elles ont recours à ce moyen pour s'échapper; 3.º en corbeaux : c'est alors pour apporter des grains d'orage ou annoncer la mort; 4.º en chats : c'est pour s'introduire dans quelque maison; 5.º en lièvres : c'est pour détruire les légumes dans les jardins et les champs cultivés.

Quoiqu'il n'y ait que peu de distance entre la côte occidentale de Mull et le rocher volcanique de Staffa, le trajet est fréquemment accompagné de dangers, et c'est dommage; car Staffa renferme la grotte de Fingal, une des plus grandes merveilles des contrées volcanisées. Supposez qu'un mauvais bateau de pêcheur nous a reçus, et est entré à grande peine dans une petite anse mal ouverte, dans un recoin de la colonnade de prismes basaltiques qui forme la base de l'îlot ou plutôt du rocher; car Staffa porte à peine sur sa tête escarpée quelque peu de terre végétale, et ne nourrit qu'un ou deux ménages.

Il y a cinquante ans, Staffa n'était connu que de son propriétaire, qui, à force d'instances, détermina le naturaliste Banks, qui voyageait dans les Hébrides, à venir visiter sa merveille, à laquelle la description donnée par ce dernier a depuis fait une réputation. Pas un visiteur qui depuis n'ait parlé avec enthousiasme de cette galerie magnifique qui s'ouvre sur la mer, en présentant de part et d'autre une forêt de prismes basaltiques de 45 pieds de haut, laquelle se prolonge dans la montagne jusqu'à une profondeur de 140 pieds, présentant toujours de part et d'autre des rangées très-régulières de colonnes élancées, tandis qu'au fond de la grotte une troisième rangée très-serrée ferme le passage. La lumière s'affaiblit par gradation jusqu'au fond de ce grand souterrain; et les flots de la mer, se brisant contre les tronçons de colonnes qui bordent le canal, s'agitent jusqu'au fond de la caverne avec un fracas qui a quelque chose d'épouvantable. Le naturaliste Faujas-Saint-Fond présume qu'à l'extrémité de la grotte, où la mer pénètre en fureur par une petite ouverture, il y a un bloc détaché qu'elle roule violemment contre les rochers, et que c'est là ce qui produit ces chocs effrayants que l'on entend se succéder quand la mer est très-houleuse. Pendant le calme de la mer, le bruit est peut-être moins étourdissant. Les Écossais appellent ce souterrain la grotte mélodieuse; dénomination qui peut provenir du son que rendent ordinairement les prismes de basalte lorsqu'on les frappe avec quelque instrument de métal. Ces prismes d'un basalte noir ont plus ou moins de côtés, et sont de diverse grosseur. La voûte vers laquelle s'élancent ces colonnes sveltes et droites, se compose elle-même de poutres de basalte dont on ne voit que les extrémités, et qui paraissent liées entre elles par une matière calcaire d'une couleur jaunâtre.

A son entrée la grotte a 35 pieds de large et 56 de haut. De part et d'autre de cette entrée les colonnades se prolongent et soutiennent le massif de la montagne, qui ne paraît reposer que sur les prismes. Ce mur de colonnes fait la moitié du tour de l'île. On y trouve encore une autre grotte ouverte sur la mer, mais qui n'a ni la beauté ni la célébrité de la précédente. On l'appelle la grotte aux Cormorans. En plusieurs endroits des rangées de petits prismes percent le sol de l'île, et il semble que Staffa produise des colonnes de basalte, comme d'autres îles produisent des végétaux.

Un écueil qui s'élève au-dessus de la mer auprès de la grotte de Fingal, présente d'autres phénomènes volcaniques : ce sont encore des assemblages de prismes de basalte; mais au lieu de s'élancer en colonnes élevées, ces faisceaux semblent accolés contre le rocher ou implantés dans le sol, et recourbés en partie dans toutes les directions.

Sky est la plus peuplée des Hébrides; elle nourrit beaucoup de bestiaux. Il y a quelque culture, quoiqu'il y pleuve neuf mois de l'année.

Je n'ai rien à vous dire des autres îles, excepté du petit îlot de Sainte-Kilda, qui est là jeté tout à fait à l'ouest et détaché de l'archipel, comme une sentinelle avancée. Quelques centaines d'êtres humains y vivent sous le climat le plus nébuleux qui se puisse imaginer. Les oiseaux de mer s'y trouvaient à merveille, et l'homme, qui découvrait dans les œufs et la chair de ce gibier une nourriture assurée, est venu, bravant les rhumatismes et le catarrhe, s'établir à côté de sa proie. Outre une bèche et un hoyau, car si peu que l'on fasse d'agriculture, on ne peut la faire avec les ongles seulement, chaque Kildien possède ordinairement pour toute ressource un panier et une grosse corde, qui lui sert à se suspendre aux rochers et chercher les œufs dans les fentes de l'accès le plus difficile. La corde fait partie du patrimoine dans les familles; elle a jusqu'à vingt brasses de longueur. Faite en lanières de cuir entrelacées, elle est entourée de peau pour être garantie des froissements. Chaque famille a sa portion des rochers de la mer; là on s'est partagé les rochers, comme sur le continent les potentats se sont partagé les provinces. Il n'y a que le rocher d'Ély, duquel une tradition superstitieuse écarte le chasseur.

Maintenant portons-nous tout au nord de l'Écosse, à la pointe de Caithness. Franchissons un détroit orageux d'environ 24 milles, nous voici dans l'archipel des Orcades. Ce sont une trentaine d'îles fort nues et montueuses, contenant une vingtaine de mille âmes. Quelques-unes sont passablement fertiles; il y a des mines de plomb. Les Hollandais qui y viennent chercher du hareng, y répandent quelque argent dans le temps de la pêche.

Les îles Schetland sont plus au nord; on en compte une quarantaine également nues, montueuses, et qui ne sont propres qu'à nourrir des bestiaux. Il y en a la moitié d'habitées. L'île de Mainland, située au milieu du groupe, est la principale, et renferme la ville de Kirkwall, capitale-pygmée de tout l'archipel. Le commerce avec les Hollandais y crée quelques petites fortunes.

L'antiquaire retrouve avec délices dans les Schetland quelques monuments de l'époque des pirates scandinaves, entre autres un fort rond de 30 pieds de diamètre, situé dans la petite île de Mousa et destiné à servir de retraite aux familles de l'île, et de dépôt pour leurs effets les plus précieux dans les dangers des invasions. Aucun ciment n'a été employé dans la construction; le mur extérieur, au lieu d'être perpendiculaire, s'écarte d'abord de la base et forme saillie; puis il rentre, se renfle de nouveau, et atteint ainsi une hauteur de 42 pieds. Cette forme bizarre a peut-être été adoptée comme plus propre à empêcher l'escalade. Pour pénétrer dans l'intérieur, il n'y a qu'un couloir si bas, qu'il faut poser les mains à terre et ramper. On fermait sans doute ce passage en dedans avec d'énormes pierres quand les pirates débarquaient. Sept étages faisaient dans l'intérieur le tour d'une cour de 21 pieds de diamètre. Ces étages, divisés en chambres, n'avaient pour fenêtres que des fentes étroites. En somme, le fort ne ressemblait pas mal à un colombier. Du reste, on ne pouvait que rarement avoir beaucoup de temps à y passer; car un débarquement n'était à craindre que durant le court été de ces parages. Le reste de l'année, les longues nuits, les brouillards et les tempêtes rendent Mousa, aussi bien que les autres Schetland, d'un abord difficile, non-seulement pour les pirates anciens, qui avaient à leur service une assez pauvre marine, mais même pour les antiquaires modernes, qui ont des navires plus agiles et des matelots plus expérimentés.

Là-dessus mon nouvel ami plia la carte étalée devant nous, la remit dans sa poche et nous reprîmes notre course pédestre.

Lac Tay. — Lac Earne. — L'auberge des Stuarts. — Lac Katterine. — Lac Lomond.

20 août.

C'est une délicieuse situation que celle du village de Kenmore, à l'une des extrémités du lac Tay. Un bateau, conduit par une belle jeune fille, aux fortes jambes nues, dont un court jupon brun faisait ressortir la blancheur, nous porta d'abord dans une jolie petite île, dont les grands arbres ombragent les ruines d'un vieux prieuré et le tombeau d'une fille naturelle de Henri Ier, roi d'Angleterre. En poursuivant notre navigation, nous jouîmes de l'aspect pittoresque de la montagne de Lawers, dont la base sort des eaux du lac, et dont le sommet s'élève à plus de quatre mille pieds. Le village de Killin, où le bateau aborda malheureusement trop tôt, forme un ravissant point de vue à l'extrémité du lac. Son nom de Killin, en langue gaëlique, signifie cimetière de la cascade; il n'est peuplé que de pêcheurs; mais la nature a enrichi de décorations sublimes la vallée qui s'étend derrière lui, et l'auberge de Killin ne se ressent en rien de la misère du lieu. Le soir, à la fin du souper, deux *pipers* (c'est le nom qu'on donne aux joueurs de cornemuse) en grande renommée, que le hasard avait réunis là, nous donnèrent le délassement d'une de ces luttes musicales comme Virgile et Théocrite se plaisaient à en célébrer.

La cornemuse écossaise diffère de celle connue dans certaines de nos campagnes de France, en ce qu'elle a trois bourdons et un seul chalumeau; les bourdons sont souvent ornés de rubans de diverses couleurs.

Chacun des *pipers* nous joua tour à tour ses *pibrocs* favoris. Le pibroc est un air guerrier exécuté sur la cornemuse. Les vrais amateurs de cornemuse assurent qu'il est aisé de reconnaître dans un pibroc bien composé toutes les scènes d'un combat, le cliquetis des armes, les plaintes des mourants, les cris de désespoir des vaincus et les chants de la victoire. En général, les étrangers sont moins heureux : tous à peu près s'accordent à ne reconnaître dans le pibrock que des accords sauvages, où la mesure même n'est pas toujours facile à saisir.

La conversation des deux pipers me procura mille fois plus de plaisir que n'avait fait leur talent musical; tous deux croyaient encore aux êtres surnaturels, aux lutins, etc. Par eux j'appris à faire la différence entre la *mermaid* et le *kelpie*, le *spunkie*, le *brownie*, la *benshie*, etc.

Avant que les lacs d'Écosse fussent, comme ils le sont aujourd'hui, sillonnés chaque jour par des bateaux à vapeur, chargés de visiteurs étrangers, et par conséquent sujets à l'incrédulité, ils avaient leurs sirènes ou mermaid. La mermaid séduisait par son chant le montagnard qui n'avait pas eu, comme Ulysse, la précaution d'enduire ses oreilles de cire; elle l'invitait à la suivre dans sa grotte de corail, et l'endormait du sommeil de la mort dans un humide tombeau. Quelquefois aussi c'était, comme Calypso, la mermaid qui se trouvait séduite par la belle figure d'un montagnard, et qui, plus tard, trahie et abandonnée, était réduite, comme elle, à maudire son immortalité.

Le kelpie, ou cheval-démon, était quelque peu parent de la mermaid; il venait caracoler gracieusement sur le rivage, et invitait par ses gambades coquettes les enfants et les jeunes filles à se hasarder sur sa croupe, comme la belle Europe sur le taureau de Crète; puis soudain se précipitait dans le lac ou le torrent avec son imprudent cavalier. Le kelpie du lac Tay emporta ainsi en 1809, vous raconteront encore les gens du canton, quatre beaux enfants, tout fiers d'avoir dompté ce superbe animal.

Le spunkie n'est guère moins à redouter; c'est lui qui allume ces lueurs trompeuses qui courent le long d'un marécage et persuadent au voyageur anuité qu'il approche de quelque hameau, tandis qu'en définitive il risque de trouver la mort ou tout au moins un bon rhume au fond d'un épais bourbier. Le spunkie est le feu follet de nous autres Français. Les Anglais lui donnent le nom très-plaisant de *Jack-with-a-lantern* (Jacques à la lanterne). Il y a aussi la race hideuse des *Vrisks*, espèce de satyres aux jambes de bouc, comme les compagnons du dieu Pan de la mythologie grecque.

Le démon de la forêt de Glenmore, nommé *Llam-Dearg* (main rouge) a la forme d'un guerrier armé de pied en cap; il défie au combat tout ce qu'il rencontre. Malheur à l'imprudent qui n'a pas la sagesse de répondre par un signe de croix et la fuite; il voit une large main rouge saisir une épée, dont la lame a été trempée dans les fournaises de l'enfer. On cite quelques braves chefs de clan, qui sont parvenus à désarmer Llam-Dearg; mais alors le combat change en une lutte corps à corps, dont l'issue ne peut jamais qu'être fatale; car, en supposant qu'on parvienne à sortir de cette seconde épreuve, on se retire les membres tellement meurtris par les étreintes de la terrible main rouge, qu'il est impossible de survivre.

Un autre démon, nommé *Glass-lich*, ou la sorcière des nuits, est un géant femelle qui habite la canton Knoidart. Elle happe avec ses longs bras le passant assez hardi pour continuer son chemin après l'avoir aperçue; elle le suspend ensuite au haut d'un sapin, pour le faire servir d'épouvantail à qui s'aviserait de le suivre.

Tous les lutins cependant ne sont pas d'humeur malfaisante : je vous souhaite, par exemple, de gagner l'affection d'un *Brownie*. Ce charmant lutin préfère la société du montagnard à celle de ses semblables. Heureuse la demeure qu'il a adoptée, et où il vient chaque soir, une fois les lumières éteintes, s'asseoir auprès de l'âtre pour y profiter d'un reste de chaleur. Gardez-vous de le déranger, car il vous payera généreusement cette hospitalité, qui vous coûte si peu. Si la servante aime à rester tard au lit, le Brownie fera sa tâche pour elle, rangera les meubles, balayera la cuisine, retirera des vases de lait les mouches qui s'y seront noyées; il suit les agneaux au pâturage, chasse les taons importuns et démêle la toison des brebis; s'il se permet parfois une innocente malice, comme de faire peur à une servante paresseuse, ou de chatouiller avec une paille la lèvre de quelque rustre qui s'endort sans façon dans le fauteuil du maître, domestique et maître doivent lui passer ce léger caprice; le Brownie est d'une nature si serviable!

Le Brownie ne se plaît pour l'ordinaire que dans les cabanes ou tout au plus les fermes; il abandonne les riches demeures des familles nobles aux *Benshies*, sorte de fées. Heureux le clan dont le chef est protégé de père en fils par une benshie! Quelque danger secret vient-il à menacer le favori d'une benshie, à l'instant elle l'avertit par un cri de douleur; ce cri retentit plus mélancolique, s'il s'agit d'un malheur irréparable, si la mort est là inévitable.

Une benshie avait lié une étroite amitié avec la jolie Kilmenie, surnommée la rose du comté de Perth. Kilmenie allait tous les jours à la tourbière ramasser la provision de tourbe pour le ménage, pendant que ses frères, objets de la tendresse exclusive d'une mère injuste, passaient leur vie à chasser et à boire. La benshie avait donné rendez-vous chaque matin à sa favorite, auprès d'un rocher sous lequel elle faisait sa demeure; Kilmenie frappait trois coups sur le rocher, et par une petite fente sortait une petite main qui lui tendait un petit couteau. Avec ce petit couteau il lui suffisait de trois minutes pour ramasser toute la tourbe dont elle avait besoin; puis elle revenait au rocher, frappait cette fois deux coups, et la petite main sortait de nouveau par la petite fente et reprenait le petit couteau. Les frères de Kilmenie, voyant que leur sœur travaillait si vite et ne paraissait jamais fatiguée quand elle rentrait, imaginèrent de l'épier, et découvrirent le merveilleux secours; ils lui arrachèrent le petit couteau, et, courant vite au rocher, frappèrent deux coups comme elle. La benshie répondit au signal; mais ces misérables lui coupèrent la main avec son propre couteau. La fée poussa un cri de douleur, et, se croyant trahie par sa protégée, ne se montra plus jamais à elle.

Allez dans les montagnes assister, le premier jour du mois de mai, à la fête du *Bel-Tein*. Dans le lieu qui a été désigné un mois d'avance, se rassemblent tous les membres d'un clan : chacun apporte sa gourde de whiskey et sa galette de farine d'orge. On creuse une fosse carrée, et l'on relève la terre au centre, de manière à former un tertre, que l'on recouvre de gazon: sur cet autel improvisé un feu s'allume; on y place un grand chaudron qui reçoit les offrandes de l'assemblée rangée en cercle : ce sont des œufs, du beurre, de la farine d'orge et du lait. Quand ce mélange culinaire a bien bouilli, on en fait des libations aux esprits invisibles. Alors les dévôts du Bel-Tein apportent leurs galettes votives, pétries par la ménagère elle-même, qui y a formé soigneusement neuf échancrures; ils se tournent vers le feu, cassent la galette en neuf morceaux, qu'ils jettent tour à tour par-dessus leur épaule: chaque jet est suivi d'une invocation. Si l'on s'adresse à quelque être surnaturel, la formule est celle-ci : *A toi, préserve mes chevaux! à toi, préserve mes moutons!* etc., sans qu'il soit besoin de désigner autrement le pouvoir invoqué. Vient ensuite le tour des ennemis visibles que l'on redoute; ceux-ci on les désigne par leur nom : *A toi renard, je te donne ceci pour que tu épargnes mes agneaux! ceci à toi corbeau noir! ceci à toi, aigle de la montagne!* etc. Le sacrifice achevé, on se partage le reste des provisions, qu'on arrose amplement de whiskey, et si l'humeur des convives est folâtre et les jeunes gens en majorité, la cérémonie se termine par un bal joyeux.

La veille du Bel-Tein les montagnards ont eu soin d'envoyer leurs enfants ou d'aller eux-même dans le bois cueillir des branches de frêne : cet arbre a la vertu de tenir éloigné les mauvais esprits. Les rameaux bienfaisants sont disposés en croix au-dessus de chaque porte.

Dans une cabane sur les bords du petit lac Earne j'ai fait connaissance avec le whiskey et les gâteaux d'avoine. Le whiskey est une liqueur distillée que l'on tire de la drèche ; elle est transparente comme le kirschwasser des Allemands, mais d'une force encore plus pénétrante. Les Écossais en font un usage immodéré ; ils composent avec du whiskey, des citrons et de l'eau bouillante, une sorte de punch fort bon, que l'on nomme *todey*.

Les gâteaux d'avoine, *vats-meal* (littéralement mets d'avoine), n'ont rien de fort appétissant. C'est un ensemble de feuilles d'une pâte grossière et bise ; cela ressemble moins à un gâteau qu'à un copeau de bois de hêtre d'une ou deux lignes d'épaisseur. Au moment où on la brise sous la dent, cette pâte n'a nulle saveur ; mais bientôt on ressent dans le palais une ardeur qui deviendrait insupportable si l'on n'avait recours à un breuvage abondant pour l'éteindre. Il faut être un vrai *gaël* pour ne pas reculer devant un tel régal.

Les Écossais nomment les montagnards *gaëls* ou *gauls*, et les habitants des basses terres *Sassennachs* ou Saxons. Le montagnard, qui est, à ce qu'il paraît, l'ancien Celte refoulé dans les montagnes, conserva une haine invétérée contre les Saxons usurpateurs, et regarda pendant longtemps le pillage de leurs terres comme un droit de représailles. Il y a à peine un siècle qu'il faisait encore de fréquentes excursions dans la plaine.

A la vallée de Balquiddar nous sommes venus demander quelques souvenirs de ce Mac-Grégor, ce héros brigand, dont Walter Scott a désormais immortalisé le nom.

Après une nuit de repos pris à Callander, charmant village, au-dessus duquel proéminent de magnifiques masses de rochers, qui semblent le menacer de leur chute, nous avons remonté la rive du Teith, en nous dirigeant vers le lac Achray. Près d'un petit pont sur le Teith, nommé *Pont du Turc*, mon compagnon me fit reconnaître l'emplacement d'un cimetière entouré de murailles qui tombaient en ruines; et comme je marquais mon étonnement de voir une petite croix sur chaque tombe, « le pays où nous nous trouvons, dit-il, est presque entièrement peuplé de Stuarts. Une des branches de cette famille, qui habite un village séparé, a conservé toute la pureté des mœurs antiques et de la foi catholique. Aimée, respectée des protestants au milieu desquels elle se trouve isolée, elle pratique paisiblement des vertus ignorées ; mais jamais elle n'a altéré par des alliances étrangères la noblesse de son origine, et à l'en croire, le cimetière qui est devant nous ne renferme que des cendres royales. »

Nous avions repris notre marche depuis quelques minutes, lorsque mon complaisant cicerone me fit remarquer une sombre forêt que nous laissions sur notre droite. Ceci, poursuivit-il, est la forêt de Glenfilas. Pas un montagnard, peut-être encore aujourd'hui, n'y passerait sans faire un signe de croix. C'est que, voyez-vous, c'est un des séjours où les malins esprits se plaisent à faire de leurs prouesses.

Je veux vous raconter l'histoire étrange des *femmes vertes* de Glenfilas ; préparez-vous à frémir.

« Deux chasseurs, et remarquez qu'ils étaient jeunes, se reposaient une nuit dans une hutte grossièrement construite sous le dôme épais de la forêt. Éclairés par la lueur d'un bon feu de branchages de pin, dont la fumée s'échappait par l'ouverture du toit, ils avaient vidé à demi la gourde de whiskey, tout en chantant de vieilles ballades, ce qui ne laissait pas de scandaliser les tristes échos de minuit. « Un gai refrain et du whiskey, s'écrie l'un d'eux, sont de bonnes choses; mais pour la félicité complète il en faudrait une troisième. — Vous dites bien. Que n'avons-nous deux filles de la montagne pour rire et folâtrer avec nous ? »

« Tout à coup, comme en réponse à leur souhait, deux voix de femme se font entendre dans le lointain; un bruit de pas succède et l'on frappe deux petits coups à la porte. En pareil lieu les serrures ne sont pas communes; la porte n'avait seulement pas un loquet : elle s'ouvre d'elle-même. Deux belles filles entrent en riant et chantant. Elles étaient *vêtues de vert*, leur robe était de la soie la plus riche. Quoique leur beauté ne fût déjà plus celle de l'adolescence, le *snood* ou ruban des vierges nouait encore les boucles de leur abondante chevelure. Elles s'établissent au coin du feu, et la conversation s'anime. Après quelques propos galants, l'un des deux chasseurs veut ravir un baiser à la compagne, qu'un si heureux hasard a conduite près de lui; mais elle se jette en arrière, d'un bond léger franchit le seuil de la porte et disparaît. Comme son regard n'avait eu cependant rien de farouche, l'entreprenant chasseur se lève et s'enfonce, en la suivant, dans l'ombre des bois.

« Où ont-ils passé? demanda l'autre belle, allons voir. — Non, non, gardons-nous de les importuner. — La vallée est assez grande pour eux et pour nous; venez. — Il fait froid et la nuit est noire; restons auprès de ce bon feu. — La lune jette un si doux éclat; venez, venez. » Et ses yeux exprimaient tant d'impatience, que le chasseur commença à croire qu'il y avait quelque chose de surnaturel dans leur flamme amoureuse. « Attendons le retour de mon ami, dit-il. — Ce sera trop tard : je suis forcée de partir. Adieu; ou venez, donnez-moi la main. — Un moment encore; répondez à une seule question. Mais, chût, écoutez! »

« C'était un cri loin, bien loin, et le chasseur crut reconnaître la voix de son ami. La belle alors se remit à chanter, et à chanter des paroles qui semblaient n'avoir pas de sens, et à chanter de plus en plus fort, de manière à couvrir le bruit lointain. Le chasseur reconnaît alors le piége et commence à trembler. Heureusement l'idée lui vient de réciter le *Salve Regina*. A mesure qu'il met de plus en plus d'onction à chaque verset, le chant de la mystérieuse fille devient de moins en moins fort, et sa beauté diminue par degrés. Cependant elle persiste et s'obstine à chanter toujours, comme aussi à rassembler tout ce qu'elle peut d'agaçante coquetterie dans son regard. Quand vint la première lueur du matin le chasseur était épuisé, sa voix était près de s'éteindre..... Enfin, à un dernier signe de croix, il vit s'évanouir la séductrice, et cessa d'entendre son chant magique.

« Dès que le soleil eût percé les nuages, il alla à la recherche de son ami; mais il ne retrouva qu'un cadavre, et revint seul à la ville, remerciant Dieu d'avoir échappé aux embrassements homicides des femmes vertes. »

Un charmant sentier, resserré d'abord entre la rive du lac Achray et la base du mont *Ben-An*, et qui ensuite s'élève au milieu des bois étayés sur la montagne, nous conduisit à l'auberge d'*ard-chin-chrocan*. C'est un singulier nom; mais qu'il ne vous effraye pas trop. Les environs de Londres n'ont pas de cottage plus élégant et plus propre. Les murailles sont tapissées de lierre et de chèvrefeuille; une terrasse, qui domine le lac, est émaillée de mille fleurs; la vigne et le pêcher y promettent des fruits bien rares sous ce climat. La femme, vêtue de noir, s'avance vers nous d'un air de dignité presque imposante. Mon antiquaire, d'un air demi-respectueux et demi-ironique, lui adresse un humble salut, et me la désigne comme la veuve d'un descendant des Stuarts et la maîtresse de cette auberge. Les réalités historiques, me dis-je à moi-même, prennent en Écosse une teinte qui ne se rapproche pas mal de celle de leurs contes de fées.

Tout annonce au surplus la noble origine des hôtes chez lesquels nous sommes descendus. La généalogie des Stuarts est là qui tapisse la muraille, que décorent aussi des casques de fer, des boucliers, des javelots, etc. Quel malheur que la vénérable mistress Stuart sente tant soit peu la commère! Son mari, nous dit-on, soutenait bien mieux sa dignité. Assis dans la salle d'entrée du matin au soir, il fumait gravement son cigare et entonnait force rasades de whiskey. Il n'échangeait avec les étrangers que les paroles nécessaires à l'exercice de sa profession : c'était un aubergiste-gentleman. Sa fille, miss Stuart, aux traits réguliers, à la taille majestueuse et aux longs cheveux noirs, daigna paraître à l'heure du souper dans la salle à manger. Avec une politesse qui n'avait rien de servile, elle vaqua au service de la table, ou plutôt nous en fit les honneurs; souvent elle prenait part à la conversation, et, dans des saillies où l'esprit se cachait sous une aimable ingénuité, elle prouva qu'elle n'était étrangère ni à l'histoire ni à la littérature de son pays.

Un homme qui a lu son Walter Scott éprouve un vif sentiment de contrariété, en voyant qu'aujourd'hui on pénètre par une belle route sablée jusqu'au fond de ce sombre défilé des *Trosachs*, où jadis le montagnard lui-même ne se hasardait qu'avec crainte et à l'aide d'une corde d'écorce, attachée aux arbres rabougris, dont la tige s'avance sur l'abîme. On maudit le génie de la civilisation, qui, pour les plaisirs du voyageur, aurait dû au moins respecter cet abrégé du chaos. Des rochers arrondis, anguleux, les uns debout comme de vieilles pyramides, les autres couchés comme de vastes fûts de colonnes, sont amoncelés sous vos pieds, sur votre tête, dans le désordre le plus effrayant. De ces masses confuses surgit la pyramide âpre et noirâtre du Ben-An et les sommets veloutés et verdoyants du Ben-Venue : de longs rideaux de pins, de chênes et de bouleaux, descendent sur leurs flancs jusqu'au fond de la vallée.

Durant les siècles où les clans des hautes terres vivaient noblement de leurs brigandages sur le bas pays, l'un de ces clans, distingué par son audace et sa puissance, reçut par excellence le nom de clan *Katteran*, ou clan des brigands, et le lac sur le bord duquel il s'était établi s'appela le lac *Katterine*. Les guerriers katterans portaient un pin sur leur bannière, d'où leur vint aussi le nom de clan *Alpin*. Enfin, pour donner à la frayeur qu'ils inspiraient un caractère mystérieux, ils prenaient le titre d'enfants du brouillard.

M. Nodier, tout en annonçant qu'il renonçait à peindre le lac Katterine, en a donné une description pleine de couleur et de poésie :

« Le sentiment de mélancolie invincible dont il pénètre le cœur, résulte probablement du contraste de la couleur lugubre de ses eaux et de leur balancement si régulier et si morne, avec la grâce et la riante beauté de ses rivages. On croirait voir un Achéron qui arrose un Élysée. Le fond du sol est entièrement couvert d'un gazon sombre, fort lustré, et dont le ton général a quelque chose de soyeux; mais ce qui fait le plus bel ornement de cette riche pelouse, c'est une multitude de plantes ou d'arbustes nains du vert le plus clair, qui semblent brodés de gracieux compartiments, et dont l'aspect produit la sensation d'un magnifique tapis de velours ciselé, broché d'or et frappé d'un rayon du soleil.

« Ces bords charmants changent tout à fait d'aspect vers l'extrémité du lac qui se rapproche du défilé des Trosachs. C'est la région des écueils et des précipices. Les vagues noires y meurent au pied de noirs rochers, dont certains les dominent de deux cent pieds en ligne perpendiculaire; quelques-uns ont un caractère si solennel et si effrayant, que le montagnard, étonné d'être timide, ne les regarde pas sans horreur, et s'excuse de sa crainte en racontant d'une voix émue des histoires tragiques, que le nom de ces masses formidables rappelle selon l'usage. »

Il y a sur ce lac un chétif îlot dont le talent de Walter Scott s'est emparé dans son roman de la Dame du lac; il l'a sans façon agrandi et y a placé des forêts et des prairies : il a usé de son droit de poëte, et il a bien fait. Mais ne voilà-t-il pas que le propriétaire actuel de cette taupinière a imaginé de réaliser en miniature les sites imaginés par le romancier. A travers des montagnes d'une trentaine de pieds d'élévation, des prairies de quelques mètres de superficie, et des forêts où des arbres de six pouces de diamètre, à demi déracinés de main d'homme, barrent de temps en temps le passage, un sentier rocailleux, pour lequel tous les cailloux de l'île, toutes les racines des arbres voisins, ont été mis à contribution, conduit à une grande cabane, construite de troncs d'arbres à peine dégrossis, et couverte de bruyères et de roseaux. Le sol est soigneusement jonché de mousse, les murs scrupuleusement tapissés des dépouilles des habitants des forêts. Des armures, des équipages de chasse, des bois de cerfs, de daims, de chevreuils, comme aussi de quelques autres quadrupèdes inconnus en Europe, sont suspendus en faisceaux aux solives, et surchargent une table immense. Deux petites croisées tendues de papier huilé laissent à peine pénétrer un jour douteux, qui se confond avec la lueur d'un feu de feuilles sèches qu'attise un vieillard à moitié vêtu. Le pauvre homme vous raconte d'un air piteux, que son maître a beaucoup dépensé pour embellir cette île, et lui a abandonné pour récompense de ses anciens services ce qu'il obtient de la libéralité des voyageurs.

Mis en garde par la lecture que j'avais faite de la description que M. de la Buzonnière a donnée de cet îlot ainsi profané, je défendis à mes bateliers d'approcher d'un lieu où le génie de Walter Scott a reçu d'un compatriote un hommage si absurde qu'il équivaut presque à un outrage.

On appelle le lac Lomond le roi des lacs d'Écosse, soit à cause de sa largeur, qui est de huit milles en plusieurs endroits, et de sa longueur, qui est de trente milles; soit à cause de la magnificence des paysages environnants. Trente îles s'élèvent au-dessus de son onde, et les plus larges sont couvertes de belles plantations. Quelque site que l'on choisisse pour voir le lac, les points de vue ont un mélange ravissant de grâce et de grandeur. C'est du mont Misery qu'on peut l'admirer dans sa plus vaste étendue et peut-être dans ses aspects les plus variés. Il y a là d'ailleurs une sorte d'attrait littéraire et scientifique, car à quelques milles de distance sont nés trois grandes illustrations de l'Écosse : Buchanan, poëte et historien; Napier, l'inventeur des logarithmes, et Smollet, poëte, historien et romancier, qui a célébré lui-même ces lieux en vers et en prose.

L'excursion au Ben-Lomond se fait avec la plus grande facilité. La terre est tapissée presque partout d'une sorte de mousse blonde, extrêmement épaisse, d'une douce élasticité, et qui n'offense pas plus le pied que ne ferait le tapis le plus moelleux. Le seul chemin très-escarpé de la montagne est à partir des trois quarts de son élévation jusqu'au sommet. Cet étage supérieur, qui se distingue de fort loin à sa forme et à sa couleur, et qui ressemble à une autre montagne posée sur la première, est tout à fait dépouillé de verdure : c'est ce qui a valu à la montagne son nom de Lomond, dérivé par corruption d'un mot gaëlique, dont le sens est *tête chauve*.

Du haut du Ben-Lomond on plane sur toute l'Écosse et plus loin encore. D'un côté est Édimbourg, d'un autre Glasgow, la ville des vieilles gloires de la Calédonie, et aujourd'hui la ville de sa prospérité commerciale et industrielle. Quand votre vue est familiarisée avec cet immense panorama, et par un ciel pur, vous découvrez aussi les iles de Bute et d'Arran, la côte d'Irlande et l'Océan atlantique avec son horizon infini. Plus près, tous les monts de l'Écosse sont là sous vos yeux, comme les flots immobiles d'une autre mer soudain pétrifiée.

Dunbarton. — Lac Long. — Glasgow. — Kilmarnoch. — Machline. — Gretna-Green.

23 août.

Dunbarton, après ses belles verreries, n'a de remarquable que le fort de ce nom, assis, ou plutôt perché comme un nid d'aigle, sur un rocher assez distant de la ville. De loin on prendrait ce rocher pour une énorme tour à demi ruinée; car son isolement de tout autre point de comparaison empêche d'en bien saisir les dimensions; mais à mesure que l'on approche, il se développe et s'élève, commandant au loin la Clyde qui baigne sa base et la plage par laquelle il communique à la terre. Imaginez-vous un seul bloc de roche basaltique de 560 pieds de hauteur sur un mille de circonférence, et qui se divise vers son sommet en deux parties à peu près égales. On monte à la citadelle par une rampe taillée dans le roc et défendue par plusieurs batteries. On la qualifie à juste titre d'imprenable; car si elle fut emportée en 1571, ce fut par un trait d'audace qui ne retrouvera probablement jamais d'imitateurs ; encore fallut-il que la trahison vînt au secours des assaillants.

Dunbarton, depuis le commencement des guerres civiles, avait constamment tenu pour le parti de Marie, il était alors le dernier château qui tenait pour elle. Le capitaine Crawford, qui se trouvait à Glasgow, le surveillait avec soin, mais ne voyait pas trop comment il y pourrait pénétrer. Un jour un transfuge se présente à lui, qui raconte que par suite de mauvais traitements il vient de s'échapper de la garnison de Dunbarton. Il connaît un endroit jugé inaccessible, mais par lequel un homme résolu peut escalader le rocher.

A la fin du jour, Crawford, accompagné du soldat, sortit de Glasgow à la tête d'une petite troupe munie d'échelles. Vers minuit il atteignit le milieu du rocher. La lune était couchée, et le ciel, qui jusque-là avait été très-clair, se couvrit d'un voile de nuages transparents. C'était à l'endroit le plus escarpé du rocher qu'il fallait tenter l'escalade, parce que là les sentinelles étaient moins nombreuses et vraisemblablement plus confiantes. La première échelle était à peine fixée, que l'empressement et le poids des assaillants la fit tomber; personne cependant ne fut blessé, et l'on n'entendit aucune sentinelle de la garnison prendre l'alarme. Crawford et le soldat gravirent le roc et attachèrent une autre échelle aux racines d'un vieil arbre, suspendu au-dessus d'un ravin. Toute la troupe parvint ainsi jusqu'à l'arbre, non sans de grandes difficultés; mais de cette place au pied des murailles il y avait encore une distance considérable. L'échelle fut une seconde fois dressée contre le rocher, et chacun se hâta de monter. Au milieu de ce travail il survint un événement qui faillit tout perdre : un soldat frappé de vertige se cramponna de toute sa force à l'échelle sans avancer; il avait perdu connaissance. Tous ceux qui le suivaient furent obligés de s'arrêter; on ne savait quel parti prendre, et l'on se consultait à voix basse. Pour détacher violemment cet homme de l'échelle, il aurait fallu employer une force qui eût été fatale à tous; le poignarder et le jeter en bas du rocher, c'était risquer de donner l'éveil par le bruit qu'aurait fait sa chute. Crawford fit lier fortement aux échelons le soldat évanoui, ensuite il commanda à tous les assaillants de passer de l'autre côté de l'échelle, et l'on parvint ainsi à s'élever au-dessus de ce malheureux, en s'appuyant sur son ventre et sur ses épaules. Le jour commençait à poindre; il restait une haute muraille à escalader; ce fut l'affaire de quelques instants. Une sentinelle aperçut le premier homme qui s'élança sur le parapet, et cria *aux armes!* Les officiers, les soldats, à demi nus, se précipitèrent au dehors, plutôt pour sauver leur vie que pour la défendre.

Un bateau à vapeur fait tous les jours le trajet de Glasgow à Tarbet, village situé à la tête du lac Long. Ce fut au pied du château de Dunbarton que nous attendîmes son passage.

La rapidité avec laquelle il glissa sur l'onde, nous donna à peine le temps de distinguer la ville de Port-Glasgow, où s'arrêtent les navires que leur tonnage empêche de remonter jusqu'à Glasgow; et celle de Greenoch, cité riche de commerce et d'industrie, qui compte 20,000 habitants, et peut recevoir dans son port au delà de 500 vaisseaux.

La Clyde, qui devant Dunbarton est déjà un fleuve majestueux, s'élargit à mesure que nous approchons de son embouchure, et bientôt, confondant ses eaux avec celles de la mer et des lacs auxquels elle communique, elle devient un golfe, du sein duquel plusieurs chaines de montagnes surgissent et se prolongent dans diverses directions. Nous détournons sur la droite, et nous fendons les eaux tranquilles du lac Long entre une double muraille de rochers arides et escarpés. C'est sous son onde qu'est sa beauté principale.

« Le lac Long et plusieurs autres lacs de cette partie de l'Écosse, a dit M. Nodier, ne sont que des golfes extrêmement resserrés, remplis par les eaux de la mer, et ne renfermant de plantes, de coquillages et d'animaux que ceux qui sont propres à cet élément. Je me suis longtemps promené sur ses bords en examinant à travers l'onde limpide et transparente qui les baigne sur un fond de quelques pieds, aussi distinct à la vue que s'il en était seulement séparé par un cristal très-pur, les innombrables *fucus* qui tapissent la fraîche arène de son lit; végétation riche et variée en formes et en couleurs, qui semble remplacer pour les nymphes des eaux les doux ombrages de la terre. Les plus communs et les plus singuliers de ses habitants sont de petits poissons bleus, qui jouent et se poursuivent entre les rameaux flottants des plantes marines, et réfléchissent sur leurs écailles dorsales, frappées du soleil, les nuances d'un azur incomparable; car ce serait leur faire tort que d'en comparer les brillantes étincelles au feu pâle des saphirs. Il me souvenait, en les admirant dans leur superbe parure, d'un lac des *Contes arabes*, où l'on en pêchait de tout pareils; mais je n'en avais jamais vu autre part. »

Quoiqu'à Glasgow la Clyde ne puisse porter que de petits navires, il règne dans le port une grande activité. Ce qui frappe surtout, c'est le grand nombre de bateaux à vapeur. Glasgow en envoie chaque jour plus d'une trentaine, soit sur les côtes d'Écosse et d'Angleterre, soit pour des voyages de plus long cours. Glasgow s'enorgueillit au surplus d'avoir été la première ville de la Grande-Bretagne qui ait appliqué la vapeur à la navigation. De l'époque de l'invention de la machine à vapeur date la prospérité de Glasgow : ses filatures et ses fabriques de tissus acquirent dès lors un rang distingué parmi celles des trois royaumes, et son importance s'accrut en raison de sa prospérité. En 1780 Glasgow comptait 42,000 habitants; elle en nourrit aujourd'hui plus de 230,000; elle est après Londres la cité la plus populeuse. Elle a dépassé sa rivale, Édimbourg, si longtemps fière du séjour de la cour écossaise; Édimbourg, où s'était éveillé d'abord le goût des arts et des sciences; Édimbourg, qui jouissait déjà des avantages d'une civilisation presque complète, quand le reste de l'Écosse était encore plongé dans un état voisin de la barbarie.

Les établissements industriels occupent l'extrémité sud-est de la ville et le grand faubourg de Garbal. Ce sont d'immenses constructions en briques à six ou huit étages, dont chacun offre une ligne de vingt à trente croisées. Les hautes cheminées qui s'en élèvent comme une forêt d'obélisques, donnent un aspect presque solennel à ce quartier. Avant la réunion de l'Écosse à l'Angleterre, le commerce de Glasgow était borné à la France et à la Hollande. Il s'étendit dès lors à l'Amérique. Glasgow se livra surtout au trafic du tabac de la Virginie; puis, quand ses manufactures de coton eurent pris de l'accroissement, elle leur ouvrit un débouché dans le Canada et la Nouvelle-Écosse. Depuis qu'ont disparu les priviléges de la compagnie des Indes, et que le commerce avec la Chine est devenu libre, Glasgow s'est lancée aussi dans cette nouvelle voie. Elle a armé le premier navire, étranger à la compagnie des Indes, qui ait rapporté une cargaison de thé dans un port d'Angleterre.

La cathédrale de Glasgow mérite à double titre qu'on la visite, d'abord à cause de sa beauté, et ensuite parce que les églises gothiques sont aujourd'hui chose rare en Écosse, où les troubles religieux leur ont été fatals. On ne cite, m'a-t-on affirmé, qu'elle et une autre, je ne sais trop où, qui aient échappé à la destruction générale. Elle date de 1138. Elle a deux tours, dont l'une est surmontée d'une aiguille qui s'élève à plus de 200 pieds; la voûte de la nef a sous clef près de 100 pieds de hauteur. La masse sombre de ce monument s'élève au milieu d'un antique cimetière, entre une petite église protégée par des tourelles à créneaux, et le beau bâtiment de l'hôpital royal que couronne un dôme élégant.

L'intérieur de la cathédrale est maintenant divisé en trois parties : deux servent au culte de la religion réformée; la troisième sert d'asile à plusieurs tombeaux catholiques, qui furent dans les troubles religieux protégés par la reconnaissance des bourgeois de Glasgow contre la fureur des puritains. Au dehors, au sommet d'une colline qui domine le cimetière, le fougueux puritain Jean Knox a sa statue. Autour d'elle des débris de tombeaux renversés rappellent avec quelle fureur il poursuivit les catholiques jusque dans l'asile d'un repos que toutes les religions enseignent pourtant à respecter.

Parmi les édifices les plus remarquables se trouvent l'église Saint-Jean, construction dans le style gothique, mais qui ne date que de 1817; les églises Saint-George et Saint-David; la prison neuve, qui comprend aussi les bureaux de police, construction que l'on a enrichie, par je ne sais quel caprice, d'une façade fort belle et digne d'une destination meilleure. Le théâtre ne le cède qu'à ceux de Londres en grandeur et en magnificence. On admire l'élégante simplicité de la maison des fous.

Glasgow a une université fréquentée par 500 étudiants, et dirigée par un chancelier, que le recteur, les doyens des facultés, le principal et les maîtres ont le droit d'élire. Le collége où elle réside orne la rue Haute (*Highstreet*), sur laquelle il déploie une façade de 330 pieds; dans l'intérieur les bâtiments entourent deux grandes cours : derrière le collége s'étend un jardin immense. L'université possède une bibliothèque, un observatoire muni d'une collection de beaux instruments, et un musée d'antiquités et d'histoire naturelle, légué par le docteur Hunter.

Entre Glasgow et Édimbourg les communications sont faciles. D'excellentes voitures publiques font le trajet en peu d'heures. Pour ceux qui préfèrent la voie de la navigation, un bateau à vapeur qui part d'Édimbourg remonte le Forth et vient déposer les passagers à l'embouchure du canal de Forth et de la Clyde, appelé aussi le grand canal; là un autre bateau à vapeur les reçoit et les amène à Glasgow. La réunion des écluses de ce canal, situées immédiatement l'une au-dessus de l'autre, forme sur la pente d'un coteau une courbe d'un effet assez imposant; mais soit pour la beauté des dimensions, soit pour la manière dont elles se présentent à l'œil du spectateur, soit enfin pour le soin avec lequel elles sont entretenues, elles m'ont paru ne pouvoir entrer en comparaison avec l'amphithéâtre des écluses de notre canal du Languedoc à une demi-lieue de Béziers.

J'eus la bonne fortune de traverser la petite ville de Kilmarnock par un jour de marché. La place était couverte de femmes des environs; le nombre de celles qui étaient jolies est incroyable. Elles étaient, comme dans toute l'Écosse, remarquables par le contraste de la recherche de leur costume élégant avec la nudité de leurs pieds, qui attaquent hardiment les aspérités des chemins. Le comté d'Ayr est d'ailleurs, des contrées que j'ai vues de l'Écosse, celle où le peuple m'a paru avoir le plus de coquetterie; les hommes, les enfants s'y drapent à l'envi de leurs larges *plaids* sans aucune règle bien fixe, à ce qu'il paraît, mais de manière à charmer l'œil des artistes et à tenter l'émulation des Parisiennes elles-mêmes. Je crois que le plus habile de nos peintres de genre n'ajusterait jamais des paysannes avec plus de grâce, même quand il s'abandonnerait tout à fait à son imagination. J'ai vu tel groupe qui, pris comme il était, n'aurait pas déparé un tableau du Poussin. Les Écossaises surtout tirent un parti extraordinaire de ce genre de séduction, et la plupart pourraient s'en passer : elles sont charmantes. Le galant M. Nodier a fait cette réflexion avant moi; et je ne pense pas qu'aucun voyageur soit jamais tenté de le contredire.

L'amateur de vieux souvenirs va chercher aux environs de la paroisse de Machline les ruines d'un château qui, dit-on, fut jadis habité par Tibère, et qui depuis a servi d'asile à Wallace.

Wallace ou Walleys (William), seigneur écossais d'une famille ancienne, mais pauvre, était également distingué par son courage et par sa force gigantesque. Il s'en servit pour délivrer sa patrie de la tyrannie du roi d'Angleterre Édouard I.er Il rassembla en 1298 tout ce qui avait quelque énergie, qualité assez commune en Écosse, et ayant formé une petite armée, il défit 40,000 Anglais, commandés par le comte Warren Gressingha, trésorier déprédateur de l'Écosse, lequel fut tué dans cette action et écorché par les Écossais, qui firent de sa peau des selles et des ceintures. Wallace, révéré comme le sauveur de la nation, fut nommé régent du royaume pendant la captivité du roi Jean Balliol, qui avait usurpé la couronne d'Écosse par le secours d'Édouard, et s'était reconnu son vassal. Il pénétra hardiment en Angleterre, porta le fer et le feu jusqu'au voisinage de Durham, et revint chargé de gloire et surtout de dépouilles, article qu'un Écossais du vieux temps ne négligeait jamais. Édouard, qui était alors en Flandre, revint promptement en Angleterre et marcha contre les Écossais, à la tête d'une puissante armée, qui défit celle de Wallace. Le héros vaincu se retira avec les débris de ses troupes derrière les marais du Nord, où il n'était pas possible de le poursuivre. La jalousie des seigneurs écossais fut une des principales causes de sa défaite. Wallace, indigné de leur ingratitude, se démit de la régence et vécut en simple particulier. Cependant l'amour de la liberté tenait toujours les Écossais en armes, et Édouard attribuait à Wallace leur esprit d'insoumission ; il soudoya des traîtres, qui finirent par le lui livrer en 1303. Le héros fut exécuté comme coupable de haute trahison, et les quatre quartiers de son corps furent exposés dans quatre des principales villes d'Angleterre.

Il faut avoir été en Écosse pour se faire une idée de tous les sentiments qui se rattachent au nom de Wallace et à celui de son compagnon, Robert Bruce, dans les souvenirs populaires. C'est pour cette nation un de ces personnages héroïques dont toutes les proportions ne se peignent à la pensée que sur une échelle gigantesque : celle des demi-dieux d'Homère. Tout le monde vous racontera qu'un roi d'Écosse, visitant ses États 125 ans après la mort de Wallace, et s'informant curieusement des souvenirs de ce héros auprès des hommes très-âgés, qui pouvaient les avoir reçus par une tradition immédiate, apprit que la mort avait épargné jusque-là une dame qui l'avait elle-même connu, et qui parlait de lui avec beaucoup de détails. Le roi s'empresse de se rendre au manoir antique et de demander un entretien à la vénérable châtelaine. Voilà qu'elle se rend au-devant du monarque, appuyée sur un bâton blanc et précédée de cent vingt dames sur deux rangs, toutes vêtues de deuil. C'étaient celles de ses filles, de ses petites-filles et de ses brus, jusqu'à la dernière génération, qui étaient rentrées après leur veuvage sous le toit paternel; plusieurs étaient centenaires. Le roi, introduit par ce cortége de siècles dans une des vieilles salles du château, ne consentit à s'asseoir qu'après avoir vu la mère de ces respectables matrones prendre place en face de lui; puis il se reposa dans la chaise vermoulue qu'avait souvent occupée Robert Bruce. La dame, après s'être étendue avec un langage facile et clair sur les nobles qualités de ce prince, et avoir insisté sur sa taille élevée de la hauteur de la tête au-dessus de tout son peuple, comme le Turnus de Virgile, ajouta que le bras de sir Robert était si puissant qu'il aurait pu défier avec assurance les dix champions les plus valeureux de l'Écosse; mais sur la question du roi, qui demanda jusqu'à quel point sir William Wallace était comparable à son ami, elle répondit que sir William dépassait sir Robert de toute la tête, et que dix champions comme sir Robert Bruce auraient succombé devant Wallace. Il est à remarquer que ce récit, qui n'est ni plus ni moins solennel à mon gré que s'il s'agissait d'Hercule, est au moins fondé en vraisemblance sur les exemples prodigieux de longévité que l'Écosse a fournis de tout temps. Les recueils consacrés à ce genre de phénomènes citent deux hommes qui ont pu se connaître et qui ont embrassé entre eux, comme témoins oculaires, l'histoire des événements de trois cents ans.

Un hameau de la frontière, *Gretna-green*, sur le ruisseau de Sark, est fameux par les services qu'il rend aux amants contrariés. Un mariage, pour être valide en Écosse, n'a besoin que du consentement des parties, exprimé devant deux témoins; tandis qu'en Angleterre il faut la cérémonie religieuse, précédée de la publication des bans et du consentement des parents, si les contractants sont mineurs. Cette différence dans les lois attire d'Angleterre en Écosse les jeunes hommes qui veulent se marier malgré la volonté de leurs parents, et les jeunes filles assez faibles pour ne pas résister à une séduction. Gretna-green, à treize milles de Carlisle et à un mille de la frontière, se trouvant le village d'Écosse le plus voisin de Londres, est le lieu choisi ordinairement pour ces mariages si rapidement expédiés : on compte qu'il s'en fait une centaine par année. Pendant longtemps ce fut un maréchal ferrant qui ouvrit sa maison et se chargea de servir de témoin, lui et un de ses amis, aux déclarations des couples fugitifs; aujourd'hui je crois que c'est un cordonnier ou un marchand de tabac; mais l'usage a prévalu de désigner sous le nom de *maréchal* le desservant de ce temple ouvert à l'hymen vagabond.

A de vastes plaines de tourbe, dont la seule embouchure du Solway varie un moment la triste monotonie, succèdent enfin des campagnes plus riantes, à mesure qu'on s'approche des vieilles murailles de Carlisle. Cette ville historique, bâtie par les Romains près de la grande muraille élevée contre les Pictes et qui allait rejoindre Newcastle, n'est remarquable d'ailleurs que par l'antiquité de son château fort et de sa cathédrale, monument d'un style analogue à celui de la belle cathédrale de Glasgow; mais auquel un certain nombre de croisées romaines assigne une époque de construction encore plus reculée, et que le ton rouge de ses pierres couleur de brique rend très-différent de physionomie. C'est l'histoire à la main qu'il faut parcourir les ruines féodales dont les montagnes des environs sont couvertes et qui rappellent partout les guerres longues et sanglantes de l'Angleterre et de l'Écosse.

Lancastre, bâtie sur le penchant d'une colline à trois milles de la mer, est une des plus gracieuses villes de l'Angleterre. Un pont superbe sur la Loyne, qui est navigable à marée haute pour des bâtiments de deux à trois cents tonneaux, la joint à un grand village. C'est d'ici que je compte m'embarquer demain pour l'Irlande : je prendrai terre à Belfast. En attendant, pour terminer la soirée, je vais monter faire une promenade au château fort, qui du haut d'une éminence domine la ville de Lancastre avec beaucoup de noblesse. On m'assure que de son donjon j'aurai un admirable coup d'œil sur les montagnes du Cumberland.

Un thé complet. — Mœurs de la bourgeoisie écossaise.

25 août.

Dans une petite ville d'Écosse il m'arriva d'être invité à un *thé complet*, c'est-à-dire un thé servi avec tous ses accessoires de tartines beurrées, de rhum, etc. C'était une bonne fortune, car dans les mœurs élégantes anglaises le thé servi en cérémonie a passé de mode. Aujourd'hui, qu'on ne dîne plus qu'au commencement de la nuit, la tasse de thé n'est plus un objet de vénération et de culte, le café l'a détrôné; et ceux qui persistent encore à savourer le soir la décoction de la feuille chinoise, la prennent en silence, avec mystère, presque avec honte. Le temps a passé où la meilleure compagnie prenait le thé à cinq heures et demie du soir en été, et à six heures en hiver. Il fallait, pour retrouver une partie de thé, avoir traversé tout le nord de l'Angleterre et avoir mis le pied dans la vieille Écosse.

Imaginez dix ou douze personnes rassemblées dans un petit salon. Sur une table de chêne antique figure l'urne bienfaisante. La maîtresse de maison, femme d'un âge tout à fait mûr, occupe le centre d'un vieux sopha, dont les fleurs rouges éclatent sur un fond blanc. C'est un type par excellence de la race galloise : complexion robuste, teint pâle, œil bleu et vif, bras potelé. De ses lèvres, encore fraîches, découle avec lenteur et emphase ce vieux dialecte écossais, où chaque syllabe est accentuée avec vigueur et majesté. Sur l'un des bras du sopha s'appuie un dandy de cinquante ans, vêtu de noir, la figure ronde, l'air satisfait de soi-même; il joue avec les breloques de sa montre : tout en lui annonce un bénéficier de l'église anglicane. Remarquez ensuite une femme maigre, en lunettes, au maintien composé, que l'on m'annonça comme une femme auteur; et ensuite une mère à l'embonpoint colossal, que flanquent de chaque côté ses deux filles : toutes ces femmes sont vêtues à peine, et leurs épaules sont découvertes d'une façon qu'en France j'aurais qualifiée de scandaleuse. N'oublions pas le mari de la femme savante, personnage timide, aux yeux baissés, qu'à son air de contrainte et de sanctification on reconnaît aisément comme l'un des martyrs du joug conjugal; et trois jeunes Adonis de province, lançant sur les femmes une série d'œillades assassines.

Une lourde servante, dont le teint rouge et la peau hâlée annonçaient qu'elle figurait aussi souvent dans la basse-cour que dans le salon, apporta du rhum, du sucre, et sur un plateau d'argent une énorme pyramide de *shorties*, biscuits chargés de beurre. Plus on se rapproche des points septentrionaux de la Grande-Bretagne, moins il est permis de regarder le thé comme une collation légère, un intermède de digestion.

Pendant la première tasse de thé, silence complet; pendant la seconde, quelques médisances; la troisième fut le signal de l'explosion de tous les babillages féminins. « Concevez-vous que miss une telle porte des étoffes de l'Inde? D'où vient qu'on n'a pas vu mistriss une telle au bal de M. tel? Miss A... se marie avec M. T... qui a hérité de son oncle L..., etc. » Peu familiarisé avec l'accent écossais, je n'entendais qu'une partie de ce menu scandale; mais c'en était assez pour me convaincre de la grande utilité d'un thé complet, sous le rapport de l'édification du prochain, la conservation des réputations contemporaines et la satisfaction des curiosités féminines. Je m'abîmais dans la profondeur de ces réflexions, quand tout à coup le fausset aigu de la femme docte m'adresse à brûle-pourpoint cette interpellation : « Monsieur, que pensez-vous de Walter Scott ? Le sujet n'était pas neuf; mais je me rappelai qu'en France quelques beaux-esprits de département en étaient encore à cette innocente question : quelle est votre opinion sur Voltaire ? » et je fournis d'un air résigné la réplique à une dissertation compendieuse sur les qualités du romancier écossais. Heureusement, enfin, la grosse servante entra de nouveau, pour faire disparaître la théière, les tasses et le plateau veuf de sa montagne de shorties; un mouvement général se fit dans l'assemblée, et je pus sans scandale me dérober à la torture littéraire. Une jeune fille nous fit alors un récit pathétique des désastres qu'avait occasionnés dans son boudoir un beau chat angora, qu'elle n'avait point manqué de prendre pour un fantôme, et qui avait mis en pièces de magnifiques porcelaines. Un des Adonis déclama la dernière scène d'Othello, nouveauté piquante, qui fournit à la femme bas-bleu l'occasion de se lancer à plein galop dans une dissertation sur Shakespeare. Cette fois du moins ma chaise était à vingt pas de la sienne : en homme prudent j'avais prévu la récidive.

Après la glaciale déclamation tragique s'ouvrit la scène plus animée des *jeux innocents :* questions et réponses, bouts rimés et charades, le jeu des rimes et celui des coqs à l'âne, le gage touché et la main chaude, la clignemusette et les quatre coins; toutes institutions trop belles pour être le patrimoine d'une seule nation et pour n'être pas revendiquées comme indigènes par toutes à la fois. Le jeu du mannequin me divertit assez : je ne vis pas sans plaisir le dandy de cinquante ans, appuyé sur le dos d'une chaise, se tenir debout sur un seul pied, et livrer aux jeunes filles ses bras et ses épaules, qu'elles se plurent à contourner et à placer dans mille positions bizarres. Je n'oublierai de ma vie l'exercice qui termina la soirée. On plaça sur le tapis, dans une position horizontale, une bouteille hermétiquement fermée. Chacun à son tour essaya de s'asseoir sur ce siége roulant et d'enfiler une aiguille en tenant les jambes croisées et n'appuyant sur la terre que le talon. Naïveté des mœurs provinciales ! Ce dernier amusement, qui commença à huit heures précises, dura jusqu'à neuf heures et demie. En vain la maîtresse de la maison et la Sapho en lunettes réclamèrent contre cette vulgarité; tout ce que nous étions d'hommes dans le salon, nous essayâmes d'accomplir le grand œuvre; une jeune fille même se décida à nous disputer la victoire : le dandy ecclésiastique, lui seul, et sans doute par une grâce divine, triompha de la difficulté. A juger par le redoublement de satisfaction qui rayonna sur son visage, je parie que de toutes les supériorités qu'il peut posséder, la qualité de *grand équilibriste sur la bouteille* n'est pas celle à laquelle il attache le moins de prix.

L'île de Man. — Belfast.

28 août.

Pendant notre traversée de Lancastre à Belfast, nous eûmes constamment en vue l'île de Man, qui forma longtemps à elle seule un petit royaume séparé, avec son territoire de trente milles de long sur cinq milles de large, et ses 30,000 habitants. Soumise d'abord au Danemarck, ensuite à l'Écosse et finalement à l'Angleterre, Henri IV en fit don au duc de Northumberland, et après que ce comte eut été condamné pour trahison, à Henri Stanley. Elle arriva par succession au duc d'Athol; mais, sa situation favorisant la contrebande, le Parlement la racheta pour la couronne.

Tous les environs de Belfast, le long de la magnifique baie de Carrickfergus, offrent un spectacle vraiment enchanteur. Nous entrâmes dans la baie de Belfast par une matinée charmante. La mer, unie comme une glace, permettait au vaisseau de sillonner majestueusement et tranquillement les ondes; pas le moindre souffle de vent, pas un nuage dans l'horizon pour voiler le soleil à son lever. Les *sunfishes*, visibles de toutes parts à travers la surface transparente des eaux immobiles, les colonnes pressées de harengs qui s'avançaient par ordre, les hérons volant çà et là pour attraper leur proie à la surface des eaux, les rives verdoyantes et cultivées du comté de Down, les montagnes d'Antrim qui bordaient l'horizon, les villes de Bangor, de Carrick-fergus et de Belfast, et les nombreuses maisons de campagne qui se développaient devant nous, tout, en un mot, dans les airs, sur la terre et les eaux, donnait à cette scène un effet ravissant. C'était un dimanche, et les habitants assemblés sur le port nous accueillaient de la voix et du geste; car chez l'Irlandais, plus encore peut-être que chez le Français, le geste est un accompagnement nécessaire de la parole. Notre première visite fut, comme de raison, rendue à messieurs les commis de la douane; car il est bon de savoir que, quoique l'Angleterre, l'Écosse et l'Irlande soient réunies, cependant les ports de l'un de ces pays ne sont pas ouverts à toutes les marchandises de l'autre. Par exemple, le whiskey d'Écosse et la toile d'Irlande ne sont pas admis en Angleterre, tandis que la toile d'Écosse et la laine d'Angleterre ne sont pas reçues en Irlande. Notre visite faite, je me mis à parcourir la ville. Quoique presbytérienne, Belfast est loin d'égaler en rigidité ses voisins de l'autre côté de la mer. Quelques honnêtes et zélés Écossais, qui étaient débarqués avec moi, levaient leurs yeux pleins d'une sainte componction, comme pour déplorer l'aveuglement d'une pauvre nation, assez endurcie pour se livrer à quelque délassement le dimanche. Chaque éclat de gaîté leur arrachait un soupir; et cependant de toutes les villes d'Irlande, Belfast est certainement celle où le dimanche est observé avec le plus de rigueur.

Cette ville est en hiver le rendez-vous de la bonne société des provinces du nord. Tous les propriétaires des environs qui ne peuvent aller à Bath ou à Édimbourg pour passer l'hiver, se rendent à Belfast, où ils sont sûrs de trouver de la société pour eux et une bonne instruction pour leurs enfants. Ils se sont réunis en clubs, ont acheté une maison à frais communs; et là, toutes les fois que leurs affaires les y appellent, ils trouvent une société assez bien choisie dans le salon, un bon dîner à un prix convenable, et un lit, un billard et la plupart des journaux anglais et étrangers à leur disposition. Quelques-uns des membres de ce club s'étaient, il y a quelques années, réunis pour rendre à la harpe les honneurs dont elle a joui autrefois en Irlande, dans les montagnes d'Écosse et dans la principauté de Galles. En 1792 ils convoquèrent des provinces tous les harpistes qui pouvaient s'y trouver; des prix furent adjugés aux plus fameux, et on recueillit ainsi un assez bon nombre d'airs nationaux qui ne se trouvaient que dans la mémoire de ce petit nombre de bardes. Malheureusement cette société ne subsista pas longtemps. La musique ne trouve plus une patrie dans le Nord. Depuis longtemps on ne voit plus de harpes en Écosse; les harpistes ont presque disparu en Irlande, et à peine en trouve-t-on quelques-uns disséminés çà et là dans le pays de Galles. Partout la rauque et discordante cornemuse a, pour le supplice des voyageurs, succédé au national *oirpeam*. On ne vous présente plus, en entrant dans les maisons de l'étranger, la harpe qui devait assurer votre bonne réception; on n'entend plus cette harmonie ossianique qui donnait tant d'attraits à cette nature sauvage. Même le fameux *Eringo-Brach*, le ranz des vaches des Irlandais, a perdu son empire.

Au moment où j'arrivai en Irlande, je fus étonné du nombre immense de vaisseaux chargés d'émigrants pour l'Amérique. On eût dit que le principal commerce de Belfast consistait dans l'exportation des habitants, et il paraît qu'il y a déjà quelque temps que le flot de la population se reporte vers le nouveau monde. L'Amérique profite des vices d'administration de l'Europe.

On ne peut visiter Belfast sans être tenté de connaître toutes les beautés naturelles de la côte d'Antrim; côte trop peu connue des voyageurs du continent, et qui mérite si bien à tant d'égards d'être vue.

Sur les routes d'Irlande nous allons faire connaissance avec une singulière voiture. Le *jaunting-car*, littéralement *char vagabond*, est une voiture particulière à l'Irlande. Imaginez sur un train de tilbury une caisse en dehors de laquelle sont appliquées deux banquettes de côté, qui font saillie comme deux ailes par-dessus les roues. Celles-ci, qui sont très-rapprochées, se trouvent dérobées à la vue jusqu'à la hauteur du moyeu. Le cocher occupe un siége isolé à la naissance du brancard, car le char n'a qu'un seul cheval. Les paquets se placent dans la caisse qui repose sur l'essieu entre les deux roues, et le voyageur se trouve assis de côté sur l'une des banquettes établies au-dessus de la roue de droite ou de gauche.

Antrim. — Bogs. — Ballymena.

29 août.

Antrim est un pays de tisserands; des milliers de familles des campagnes possèdent quelques acres de terre où ils cultivent du lin, et ne réservent qu'une portion pour la culture de l'avoine et des pommes de terre destinées à leur nourriture, et pour la pâture d'une vache laitière. Elles filent et tissent le lin, et portent ensuite la toile au marché le plus voisin, à moins qu'on ne la leur achète sur place. Tous les achats particuliers font refluer ensuite d'immenses quantités de toiles aux grands dépôts de Belfast, où elles sont enlevées par cargaisons pour les diverses parties du monde.

La plupart des habitants d'Antrim sont d'origine écossaise et professent le culte presbytérien : sous le rapport ecclésiastique ils dépendent du synode général d'Ulster.

En quittant Antrim, on ne rencontre plus que misérables habitations. Ces huttes sont faites de boue séchée, sans fenêtres et sans cheminée. Le toit est recouvert de paille retenue par de grosses pierres placées de distance en distance. Au milieu de ce toit est disposé un trou qui offre un passage à la fumée, et qui est coupé obliquement pour empêcher la pluie de tomber par colonnes sur le feu allumé au milieu de la cabane. Le feu est entretenu avec les tourbes coupées dans le champ voisin, et dont la fumée copieuse s'échappe par le trou en cas de vent, et par la porte, en cas de pluie. En général, autour de la maison il y a une petite pièce de terre qui produit quelques boisseaux de pommes de terre. Ces pommes de terre, cuites dans quelque peu de lait donné par la vache qui partage l'habitation, et rendues moins insipides par un peu de sel, quand on a assez d'argent pour s'en procurer, forment la seule nourriture des sept huitièmes des habitants de l'Irlande. Le peu que la femme gagne à filer le lin et l'homme à labourer, sert à acheter un peu de whiskey. Quant aux habits, ils en usent peu ou point, et les souliers et les bas sont une chose complétement inconnue. Les fermiers plus aisés portent cependant un peu de paille dans des souliers grossiers, nommés *brogues*; mais c'est un luxe rare. Nos laboureurs, assez riches pour mettre, comme ils le disent, du foin dans leurs bottes, sont des Crésus en comparaison des Irlandais. Là les fermiers n'ont souvent que 10, 15 ou 20 arpents. Quelques-uns ont un cheval en propre, d'autres se réunissent avec deux ou trois voisins pour en entretenir un. On attelle ce cheval à demi fatigué, et on joint, sous le même joug, le vigoureux fermier, qui équivaut à un second cheval, et n'est pas plus à l'abri de l'aiguillon du conducteur que son compagnon de labourage.

Les auberges sont analogues aux autres habitations; une tasse cassée, le goulot d'une bouteille ou un vieux soulier sur une perche, annonce que la cabane est une taverne et qu'on y vend du whiskey illicite, malgré la sévérité des lois. Un bouchon de paille promet quelquefois un lit; un morceau de tourbe avec une pipe est l'enseigne d'une auberge pourvue de quelques denrées; le balai, enfin, annonce un gîte de la première classe, muni de whiskey de la bonne espèce.

D'Antrim à Ballymena, la route est tracée

au milieu d'un sol humide, auquel les Irlandais ont donné le nom de Bogs. L'humidité constante de l'air d'Irlande, entretenue par les exhalaisons de l'Océan qui l'entoure, imprégne le sol d'une force puissante de végétation. La terre se recouvre de plantes épaisses, dont les feuilles, détruites par l'hiver, répandent sur ses racines une sorte de poussière qui, détrempée par les brouillards, donne naissance au printemps suivant à une couche supérieure de la même espèce, laquelle l'hiver suivant servira de point d'appui à une couche plus élevée. Ainsi, après des années, l'homme laissant la matière à elle-même, ce sol s'élève à une hauteur de 15, 20, 30 pieds, qui n'offre pas assez de consistance pour qu'on puisse y porter les pas, et qui, peu à peu, comme les sables de l'Arabie, fait des conquêtes sur la fécondité. Ces bogs, en général, sont renflés vers le milieu, et si, par quelque révolution dans leurs flancs, ou par l'effet d'une très-forte pression, ce milieu vient à s'affaisser, il en résulte quelquefois un mouvement général dans la masse du bog, qui se porte à plusieurs pieds au delà de ses limites, et les habitants du champ voisin voient avec étonnement et terreur le bog voyager et envahir leurs prairies et leurs champs, et détruire les arbres qui les protégent.

Au fond de ces bogs on trouve un nombre immense de cornes d'un animal que les Irlandais appellent *Wild-ox*, et qui est plus connu sous le nom de *Moose-deer*. Il semblerait que cette espèce de daim a existé en Irlande. On ne le trouve plus qu'à la Nouvelle-Hollande. Ses andouillers, qui se renouvellent tous les ans, ont jusqu'à douze pieds d'écartement et quatre pieds de hauteur. Outre les cornes de moose-deer, on trouve encore à une assez grande profondeur des chênes et des bois de toute espèce dont les montagnes d'Irlande, comme celles de la Gaule, étaient autrefois toutes garnies, et dont les troncs auront roulé dans ces sols non formés. Les habitants assurent avec un très-grand sang-froid que ces débris de forêts ont été jetés en ces lieux du temps de Noë, et on cite même le fait suivant à l'appui de cette savante théorie : Lorsqu'on ouvrit le nouveau port de Rye, dans le comté de Sussex en Angleterre, on vit un fond de bois de charpente à quinze ou vingt pieds au-dessous des premières couches. En retournant l'un de ces arbres, on trouva le squelette complet d'un homme d'une taille gigantesque (dit l'histoire), et placé comme s'il avait voulu essayer de grimper à un arbre, et que l'arbre fût tombé sur lui. On s'épuisa en conjectures; mais la masse des spectateurs, toujours si sage et si éclairée, s'arrêta à croire que ce squelette était celui d'un de ces malheureux personnages antédiluviens qui, en cherchant à se sauver du déluge, avait péri au moment où il grimpait à un arbre. On voit bien qu'il n'y a pas moyen de douter d'une preuve aussi péremptoire en faveur de l'antiquité des bogs, de l'universalité du déluge, et de la taille extraordinaire de nos pères antédiluviens. Et voilà justement comme on écrit l'histoire.

Ballymena est une ville dans le genre d'Antrim : des masures et de la boue; et au milieu de ces cavernes une population immense d'habitants frais et vigoureux, dont l'air vif et riant forme un contraste parfait avec l'apparence de misère qui règne dans leurs vêtements.

Village moravien. — Tours rondes.

30 août.

Le village moravien établi à Grace-Hill, à environ deux milles de Ballymena, contient à peu près 400 personnes des deux sexes. Il consiste en quatre rues et est bâti avec beaucoup de goût. L'église, qui est un assez joli édifice, est placée dans le centre. Chaque maison a un jardin par derrière. La profusion des fleurs qu'ils placent en devant de leurs maisons, ainsi que dans leurs jardins, et les palissades dont ils environnent le tout, produisent un effet extrêmement agréable et donnent à l'ensemble un air de bonheur. Cet établissement semble être parfaitement réglé. L'ordre le plus minutieux semble avoir présidé aux détails.

Tout près de Ballymena, on voit sur la route une de ces tours rondes qui font encore aujourd'hui le désespoir des antiquaires. Ces tours sont en assez grand nombre en Irlande : on en compte jusqu'à 66 ; elles ont de 60 à 120 pieds de hauteur, et leur forme est toute cylindrique. Les uns prétendent qu'elles étaient bâties avant l'introduction du culte druidique, qu'elles étaient consacrées au soleil, et qu'on y entretenait sans cesse le feu sacré de Baal, dieu reconnu par toute l'Irlande. Les autres assurent que ce sont des espèces de minarets d'où, avant l'invention des clochers, on appelait les peuples à la prière; celui-ci veut qu'au contraire elles aient été construites pour qu'on pût y poser des cloches. Un autre cherche à vous prouver que ce sont des piliers d'anachorète destinés à montrer la piété d'un nouveau Simon stylite.

Coleraine. — Pêche du saumon. — Château de Dunluce. — Cave de Dunkerry. — Port-Coon.

31 août.

La cascade à côté de Coleraine donne une telle impétuosité à la rivière de Bann, que ses eaux ont assez de force pour lutter contre le flux et le repousser, ce qui rend le port très-incommode en empêchant les vaisseaux de remonter; aussi est-il très-peu fréquenté. Mais le peu de profondeur des eaux, en gênant le commerce maritime, favorise une autre branche d'industrie, la pêche du saumon, qui se fait ici d'une manière assez curieuse. On tend des filets dans la rivière, et lorsque le saumon, apercevant le piége, cherche à s'en dégager et à regagner la mer, des chiens dressés à cela se tiennent à l'affût et se précipitent sur le saumon, qu'ils poursuivent et qu'ils forcent à rebrousser chemin pour devenir la proie de leurs maîtres. A défaut de chiens assez bien dressés, des hommes apostés, munis de pierres, les jettent au poisson quand il veut se dégager et produisent à peu près le même effet. Au reste, on prend tant de saumon en Irlande, que presque partout il ne vaut qu'un sou la livre. C'est de ce côté de la rivière que commence la longue étendue de la chaussée des Géants. Le point de départ, pour visiter la chaussée, est en général de Port-Rush ou de Coleraine.

Le premier objet qui se présente sur la route est le château de Dunluce, habité, vous dit-on, par un génie malin, nommé Mave Roe, qui le balaie toutes les nuits. Au lieu d'attribuer au vent la propreté de cet appartement, ouvert de tous côtés, on a trouvé plus simple, comme de raison, de l'attribuer aux esprits. On aperçoit de loin les ruines de ces murailles noircies par le temps; on dirait une ville entière détruite par le feu du ciel. L'herbe croît partout entre les murailles, que le basalte, dont elles sont formées, garantit seul des attaques de la mousse ou du lierre. On avance et l'on voit qu'on n'est qu'aux avant-postes du château. Il élève devant vous ses ruines majestueuses. Placé sur un rocher qui s'élève à pic au-dessus des flots, il ne tient à la terre que par un pan de muraille à demi brisé et jeté sur un précipice. Le passage est vraiment effrayant; mais une fois ce passage franchi, on est bien dédommagé du péril qu'on a couru par la vue magnifique dont on jouit. A travers les fenêtres et les murs écroulés, on voit perpendiculairement à ses pieds la mer se précipiter avec fureur contre le rocher. Plus loin on aperçoit le lac Foyle et les côtes blanchies de Domgal, et à quelque distance brille le phare d'Ennistrahul. Tout à fait au nord l'Océan s'étend à perte de vue. L'imagination peut se figurer l'Amérique qui limiterait l'horizon à l'ouest. Au nord-est on distingue au loin les îles de l'Écosse, et on peut, pour ainsi dire, suivre de l'œil la chaîne de rochers qui se prolonge sous les eaux pour joindre les deux palais d'Ossian : Staffa et la côte d'Antrim. On resterait des jours entiers à contempler un tel spectacle. La magnificence des flots, qui viennent ébranler le rocher sur lequel vous vous reposez, jette l'âme dans un état de rêverie délicieuse. Par des sentiers pratiqués au milieu des ruines, on peut pénétrer dans ce qu'on prétend être les caves du château. Le pan de rocher sur lequel s'appuyait la muraille, qui servait probablement de pont sur le précipice, s'est écroulé, on peut descendre au milieu des débris, et le spectacle qui vous attend au fond est de la plus grande magnificence. La mer s'est frayé un passage dans ces cavernes; elle a miné peu à peu le rocher et s'est rendue maîtresse du terrain; avant peu, peut-être, cette masse immense de basalte, qui supporte les ruines du château, s'abîmera elle-même dans les flots. Du fond de cette caverne, on voit d'une distance immense les vagues se presser les unes sur les autres et venir mourir à vos pieds.

En descendant à droite, sur la grève d'une petite baie taillée dans des rochers de plus de deux cents pieds de hauteur, on jouit de la scène si bien décrite par Ossian dans ses chants de Selma.

On voit ces vagues mugissantes qui s'élancent le long des rochers; elles semblent rivaliser à qui atteindra le point le plus élevé, et, en marque de leur victoire, elles couvrent le rocher d'un nuage d'une blanche écume. Les Irlandais réclament Ossian comme leur compatriote. Ils le disputent aux Écossais. Ils cherchent à prouver que les lieux chantés par ce Barde, sont en effet les côtes du Nord.

En suivant toujours la côte, on arrive au petit village de Bushmills. Si la mer est calme, ce qui est assez rare de ce côté, il est bon de prendre un bateau. Il y en a toujours de tout prêts pour les curieux. Ce n'est qu'en bateau qu'on peut jouir de la vue de la côte. Deux hommes conduisent cette frêle barque, qui semble à peine assez forte pour supporter votre poids, et qui souvent fait eau de tous côtés; mais cela n'inquiète jamais ces intrépides pêcheurs. Quand le bateau est trop léger, ils y mettent une grosse pierre pour faire le lest; si le bateau est surchargé, ils rejettent la pierre à la mer; s'il prend eau, l'un d'eux ôte tranquillement son soulier, et s'en sert comme d'une pelle pour pomper l'eau et remettre le bateau à flot. Le point le plus intéressant peut-être à voir en bateau, est la cave de Dunkerry. Elle n'est accessible que du côté de la mer. Ses murailles, noires et arrondies en voûtes, sont garnies de larges bandes de plantes marines. L'entrée en est vraiment effrayante, et il faut une grande habitude dans les marins pour profiter à propos de la vague et ne pas se briser contre le rocher. On pénètre assez avant dans cette grotte, mais à une certaine distance les côtés se rapprochent et empêchent les barques de passer plus loin; cependant on peut encore entendre les vagues qui roulent et retentissent à une distance considérable. Je voulais continuer en bateau et chercher à pénétrer dans l'autre cave, nommée Port-Coon; mais la mer grossissait à vue d'œil, et les matelots m'annoncèrent qu'il n'était pas sûr d'aller plus loin. Nous nous disposâmes donc à regagner le rivage, et nous en étions encore à une distance assez considérable, lorsque nous aperçûmes, à peut-être un quart de mille, deux espèces de jets d'eau qui s'élevaient à plus de trente pieds. Je ne savais à quoi attribuer ce phénomène : il me fut bientôt expliqué. C'était une baleine qui prenait ses ébats à côté de nous, et dont le vaste corps s'élevait à chaque instant au-dessus des eaux. Les deux matelots firent force de rames, craignant qu'elle ne nous aperçût et d'un mouvement de sa queue ne renversât notre frêle barque. Mais, soit qu'elle ne nous eût pas aperçus, soit que les rochers à fleur d'eau lui eussent appris qu'il n'était pas facile de s'aventurer si près du rivage, nous arrivâmes sans accident, quoique non sans danger. Il paraît que depuis quelques années cette partie de l'Océan est devenue chère aux baleines, qu'on n'y avait pas vues auparavant. L'une aura montré le chemin aux autres, et maintenant elles s'y trouvent même en assez grande quantité. Après cette petite leçon, je n'eus plus grande envie le reste du jour de remonter en bateau.

Je pris pour guide un homme fort intelligent qui demeure à Bushmills. La première chose que nous visitâmes, fut la cave de Port-Coon. On peut y pénétrer pendant la basse marée par une fente dans le rocher. Du fond de cette cave, qui a 350 pieds de profondeur sur 30 de largeur, on voit les vagues se briser entre les rochers, qui en obstruent le passage et venir en frémissant se perdre entre ses fentes. Toute trace de vagues a disparu près de vous, excepté l'écume blanche qui couvre les rochers jusqu'au fond de la grotte, et le brouillard liquide et blanchâtre, qui s'élève de toutes parts formé par la décomposition des flots. Ce qui ajoute encore à l'effet imposant produit par cette voûte, c'est l'écho qui s'y trouve et rend au décuple le mugissement des flots. A l'extrémité de la voûte, comme avec un télescope, on voit passer quelques barques de pêcheurs. Je m'imaginais voir ce bateau qui, dans les Mille et une nuits, vient délivrer, à l'aide d'une semblable grotte, la princesse renfermée dans la tombe de ses aïeux. On conçoit que cet écho a donné lieu à bien des rapports merveilleux, surtout avec des imaginations aussi vives que celles des Irlandais. On prête un langage à l'écho, comme les braves habitants du faubourg Saint-Antoine en prêtent un au pont de Charenton [1], et ces contes qui font trembler

[1] Tout le monde connaît l'ancienne histoire du pont de Charenton. Certaines lettres ne peuvent être répétées par l'écho, telles que l'*s*, par exemple. Il y avait à côté du pont de Charenton un écho, formé par les ruines des murs d'une église. Un jour un honnête bourgeois, dans un accès de gaîté solitaire, s'amusait à faire répondre l'écho. Parmi les mots qu'il lui fournissait se trouva le mot de *Satan*. Quel fut son effroi, lorsqu'il entendit l'écho lui répondre *va-t-en*. Il recommence; même réponse. Frappé de terreur, il va porter cette nouvelle dans son quartier, et le pont de Charenton a conservé la réputation d'être hanté.

les plus fiers, font passer les longues veillées de l'hiver aussi rapidement qu'un songe. Le fond de ces caves, ainsi que la grève à l'entour, est parsemé de cailloux brillants de toutes sortes de couleurs, et le sommet de la voûte est garni de stalactites qui pendent en girandoles au-dessus de votre tête.

Chaussée des géants. — Carrick-a-Raid. — Balycastle. — Retour à Belfast.

1.ᵉʳ septembre.

En sortant de la cave de Port-Coon, on continue le long de la côte pour gagner un passage qui conduit à la *Chaussée des géants;* car tout est attribué aux géants en Irlande : chaussée des géants, bague des géants, chaise des géants, théâtre des géants; les géants ont tout fait. Pour le dire en passant, cette opinion pourrait prouver le long séjour des Danois dans cette île, attendu que les peuples celtiques ne croyaient pas généralement aux géants, et que ce sont les Danois et les nations scandinaves qui ont introduit cette notion en Europe; témoins, dans leur Edda, les géants Ymir-Nor, Tarbantas et tant d'autres, depuis Goliath jusqu'aux géants de l'Arioste et à celui du Petit-Poucet. On arrive à une fontaine d'eau limpide et excellente, qui sort du rocher à quelques pas de la mer. Au delà de la fontaine nommée, comme de raison, Fontaine des géants, commence la chaussée.

La partie plus généralement connue sous le nom de chaussée, consiste en une esplanade qui s'avance au bas d'un vaste promontoire à plus de cent pieds dans la mer. Cette esplanade est composée d'un amas de prismes de forme irrégulière, mais cependant plutôt hexagonale qu'autrement. Ces prismes sont tellement disposés, que malgré l'irrégularité de chacun, ils se joignent cependant l'un à l'autre comme une mosaïque, les côtés de l'un se trouvant toujours exactement conformés pour s'adapter aux côtés de celui qu'il touche, de telle manière qu'il serait impossible de rien faire pénétrer entre aucun d'eux. Leur ensemble ne forme pas un parvis très-uni. Quelques-uns se trouvent plus élevés que les autres, soit par l'effet de la mer qui, en battant contre eux, peut en avoir détaché quelques masses, soit par les fréquentes visites des curieux qui veulent en emporter des fragments. Chacun de ces prismes est composé d'un certain nombre de morceaux d'environ un pied d'épaisseur. Ces morceaux, si bien liés qu'ils semblent n'en faire qu'un, se détachent toujours régulièrement lorsqu'on frappe la colonne. Chacun de ces morceaux a d'un côté une convexité, et de l'autre une concavité, pour mieux pouvoir s'emboîter dans le suivant ; et outre cela, comme pour mieux assujettir la masse, la partie supérieure a toujours quatre espèces, quelquefois moins, de dents ou tenons qui retiennent le morceau superposé. La composition de ces prismes est un basalte mêlé d'un peu de fer, qui le rend friable. Le basalte est d'autant plus parfait, que le morceau est pris plus bas ; et en général aussi, la partie à l'ouest, surtout celle exposée à l'air, est plus pure que celle à l'est. Il est impossible de déterminer jusqu'à quelle profondeur ces prismes pénètrent dans l'Océan. On a été jusqu'à dire qu'ils formaient une longue galerie souterraine qui se continuait jusqu'à l'île de Staffa en Écosse ; mais que n'a-t-on pas dit là-dessus ? Il y a trois de ces esplanades auxquelles les habitants du nord donnent le nom d'*alvéoles*, à cause de leur ressemblance avec le tissu d'un rayon. La troisième, appelée *grande chaussée*, est la plus considérable. Mais ce n'est pas seulement sur les chaussées qu'on voit ces ruines de colonnes. Les promontoires qui se déploient en forme d'amphithéâtre, offrent à l'œil étonné un triple rang de colonnades, disposées l'une au-dessus de l'autre avec l'ordre le plus surprenant. L'un des côtés de cet amphithéâtre a reçu le nom de Fuseaux des géants (*giants looms*), et l'autre, Orgues des géants, par leur ressemblance avec les tuyaux nombreux d'un orgue. Il est impossible de concevoir tout le grandiose de cette scène; c'est en effet un temple de géants. On a présumé que ces promontoires étaient tout ce qui restait d'un cratère volcanique existant autrefois en ces lieux, et dont l'autre partie s'était abîmée sous les eaux par quelque révolution extraordinaire du globe. A plus d'un mille en mer on aperçoit encore çà et là des pics sortant du sein des eaux. La mer les recouvre avec rage, et les vaisseaux craignent d'approcher de ces parages peu sûrs. Dans la baie à l'est, appelée aujourd'hui *Portna Spania*, furent engloutis naguère quelques-uns de ces vaisseaux que Philippe II envoyait pour conquérir l'Angleterre. En errant près de ces lieux pendant une journée brumeuse, ils crurent voir le château et les batteries de Dunluce dans les basaltes noircis qui s'élèvent au-dessus des flots. L'écho répéta leurs canonnades; ils s'avancèrent imprudemment près de ce rivage dangereux, et tous furent engloutis. J'ai vu, me disait mon guide, les ouvriers qui travaillaient ici, retirer des eaux à cet endroit quelques crânes de ces fiers ennemis qu'on y retrouve encore.

Les deux promontoires qui cachent cette suite nombreuse de baies et de caps, sont Bengore et Fair-Head, éloignés l'un de l'autre de près de quatre lieues. Le plus parfait des caps qui forment le promontoire de Bengore, est le cap Pleaskin, dont un modèle exact en bois a été, après une année de travail, déposé par M. Hamilton au muséum du collége de Dublin.

A dix ou douze pieds du sommet, couvert d'un sol assez léger et herbeux, le roc commence à prendre une apparence de colonnade, et forme un rang de piliers massifs de basalte perpendiculaires à l'horizon, et présentant dans l'angle saillant du promontoire l'aspect d'une magnifique galerie de plus de 60 pieds de hauteur : cette colonnade est supportée sur une base solide d'un roc noir, grossier et irrégulier, de près de 60 pieds d'épaisseur et rempli de crevasses; mais même dans son irrégularité il tend à prendre par intervalle des formes régulières, semblables au jet des sels et de plusieurs autres substances pendant une c :stallisation précipitée. Sous cette couche de pierres est un second rang de piliers, de 40 à 50 pieds de hauteur, moins grossiers et mieux marqués que ceux de l'étage supérieur; plusieurs pourraient le disputer à la chaussée elle-même. Le rang de dessous est supporté sur un fond d'ocre rouge qui lui sert encore de relief. Ces deux admirables galeries naturelles forment, avec la masse interjacente de roc irrégulier, une hauteur perpendiculaire de 170 pieds; c'est de cette base que part le promontoire recouvert d'un mélange de pierres et de gazon, et qui descend jusqu'à la mer à plus de 200 pieds plus bas. Le tout forme une masse de 400 pieds de hauteur, qui, par la beauté et la variété de ses teintes, l'élégance et l'étrangeté de sa distribution, et la grandeur imposante des objets, surpasse de beaucoup ce qu'on peut voir en ce genre en Irlande.

Toute la côte se continue ainsi jusqu'à Ballycastle, et même sur la route. Au sommet de Dunnill et de Croaghmore, sur les escarpements d'Islamore, dans le lit de la rivière Bush, on retrouve des traces du même arrangement de basaltes prismatiques.

A quelques milles avant d'arriver à Balycastle, est un rocher qui mérite l'attention du voyageur. Ce rocher, assez vaste pour offrir un abri aux pêcheurs, et la facilité de bâtir une petite maison pour déposer leur poisson, est séparé de la terre ferme par un espace peut-être de 80 pieds, à travers lequel la mer s'est frayé un passage. Ce lieu, nommé *Carrick-a-Raid*, est fameux pour la pêche du saumon. Comme le bord est extrêmement escarpé du côté de l'Irlande et du côté du rocher, on ne pouvait espérer d'y arriver en bateau. Comment faire? Un intrépide jeune homme, affrontant le danger, parvient à grimper au sommet du roc. On lui lance une échelle de corde pour qu'il puisse l'attacher et en faciliter l'abord en bateau; mais il imagine mieux: il attache l'une des extrémités de l'échelle de corde au rocher par des pitons de fer, et lance l'autre extrémité pour qu'on la fixe de la même manière sur l'autre rive; c'est ainsi qu'il jette sur l'abîme ce pont d'une nouvelle espèce. Une planche placée sur le milieu de cette échelle facilite le passage, et une autre corde du côté de l'ouest peut presque servir à vous garantir d'une chute. Ce pont est certainement très-pittoresque; mais de plus braves que Panurge auraient préféré *le plancher des vaches* à cette escarpolette mal assurée, placée ainsi à 200 pieds au-dessus de la mer que l'on voit se précipiter en mugissant au-dessous de soi. Les pêcheurs qui y sont habitués le passent en courant, et tous les ans, après la saison du saumon, ils le retirent pour le replacer l'année d'après.

En descendant la montagne de Carrick-a-Raid, on se trouve à Balycastle. Cette ville doit son existence au patriotisme d'un M. Boyd. Cet excellent citoyen employa toute sa fortune pour l'avantage de son pays. Il a fait construire des verreries, bâtir une petite ville, creuser un port et mettre les mines de houille en activité; et pour tout cela il ne s'est réservé qu'un seul privilége dans une ville bâtie tout entière sur ses terres, et dont il se trouvait le seigneur; ce privilége est d'avoir toutes les langues des bestiaux tués et vendus au marché de Balycastle, privilége conservé encore aujourd'hui par son petit-fils. Le projet était certainement grand et noble; mais la nature des lieux devait l'empêcher de réussir. Le port de Balycastle est inabordable les trois quarts de l'année. Entre le promontoire de Fairhead et l'île de Raghery, qui n'en est qu'à trois milles, toute la côte est garnie de rochers à fleur d'eau qui en rendent l'accès extrêmement difficile; aussi les marins préfèrent-ils se rendre au port Rush et à Londonderry sur la même côte du nord, ou dans l'excellente et charmante baie de Larne à l'est. C'est pourquoi le port et la verrerie ont été abandonnés à la mort du fondateur.

Près de Larne est une pierre assez curieuse, appelée le Berceau du géant. C'est une pierre énorme, si bizarrement suspendue, que la moindre force peut la faire mouvoir; mais si solidement assise, qu'il faudrait des forces immenses pour la renverser. Il existe plusieurs monuments semblables en Bretagne.

A moitié chemin, entre Larne et Belfast, se

trouve la petite ville de Carrick-Fergus, où le général Thurot effectua son débarquement. A partir de Carrick-Fergus pour aller à Belfast, la route est tracée sur le bord de la mer, au pied d'une montagne appelée Cave-Hill, à cause de certains souterrains très-antiques qui sont creusés dans ses flancs et se continuent le long de la baie jusqu'à Belfast.

Lisburn. — Newry. — Dundalk.

2 septembre.

De Belfast je me rendis à Lisburn, ville célèbre par ses manufactures. Les habitants de ce pays ont la prétention de parler mieux anglais que dans aucune ville de la Grande-Bretagne. Dublin toutefois lui dispute cet honneur, et j'ai entendu souvent des Irlandais me soutenir l'excellence de leur prononciation, tout en prononçant le *th i* et l'*ea è*.

Les principales manufactures sont les toiles diaprées et celles damassées. Ils prétendent pousser ce genre d'industrie beaucoup plus loin qu'on ne le fait à Dunfermline, en Écosse et en Silésie.

Tout auprès de Lisburn on voit encore une de ces tours rondes, si communes en Irlande. Elle est près d'un cromlech situé sur la hauteur appelée la Bague du géant. Cette hauteur, selon toute apparence, est un de ces tombeaux élevés par les guerriers d'autrefois à quelque chef illustre qui aura succombé dans les batailles : monuments propres à exciter la valeur de ses compagnons.

Il semble certain que dans la plus haute antiquité l'usage était d'élever un mont de terre sur le corps de ceux qu'on voulait honorer. En abattant quelques-uns de ces monts pour en avoir les pierres, les villageois découvrirent en 1684, à Wringstown, dans le comté de Down, une espèce de voûte de pierre; ils y firent une ouverture, et pénétrèrent dans un passage étroit d'environ 10 pieds de longueur, à travers lequel on passait en marchant sur les genoux et les mains. De là ils arrivèrent dans une espèce de caverne ronde, d'environ 6 pieds de hauteur et 8 de largeur, placée dans le centre du mont. Au milieu était une table de pierre, soutenue par quatre autres pierres d'appui, et qui semblait destinée à servir d'autel. Sous la table était une fort belle urne de terre d'un brun foncé, qui contenait des fragments d'ossements, des cendres et quelques petits morceaux de bois brûlé. On en a trouvé depuis plusieurs autres à Carrick-Fergus, à Knowth (quatre milles de Drogheda), New-Grange, Headford (douze milles de Galloway).

On trouve de semblables monts dans beaucoup de lieux différents en Irlande.

Dans tout ce comté les routes sont excellentes; et par toute l'Irlande, en effet, elles sont constamment tenues en bon état. Elles ne sont point, comme en Angleterre et dans la Basse-Écosse (*Lowlands*), défrayées par les impositions qu'on lève aux barrières. Chaque comté entretient les siennes. Tous les ans, au moment des assises du comté, le grand jury, au nombre de vingt-trois personnes, examine l'état des routes, décrète les dépenses à faire, fixe la levée de ces fonds, et charge un de ses membres, qui a ses terres rapprochées de la portion de la route à réparer, d'en surveiller les travaux et de lui en rendre compte aux assises suivantes.

Après avoir passé, à droite et à gauche de la route, quelques-uns des monts danois qui s'élèvent çà et là, on arrive à Newry, ville assez commerçante, à la tête de la baie de Carlingford. Les environs en sont extrêmement pittoresques, surtout vers un endroit situé à quelques milles, sur la baie, appelé Rostrevor, qui est à juste titre regardé comme un des plus délicieux paysages qu'on puisse voir.

A Newry, comme dans presque toutes les villes et villages en Irlande, on trouve de belles et grandes casernes.

Les femmes à Newry sont en général fort jolies. Il y a dans leur physionomie un mélange de pudeur et de volupté qui séduit malgré soi. Les paysannes prétendent qu'elles doivent la fraîcheur de leur teint à une certaine recette qui leur a été communiquée d'âge en âge, et qui produit les plus merveilleux effets. Cette recette est d'aller un peu avant le lever du soleil dans les prairies qui environnent la ville; là, de secouer l'herbe humide de rosée, de recueillir la précieuse liqueur dans un petit flacon, et après l'avoir laissé déposer quelques jours, de s'en servir pour se laver; mais il faut, pour produire l'effet convenable, que la rosée ait été recueillie par les belles mains qui veulent s'en servir. Je n'ai pas de peine à croire que ce remède ne dût réussir à Paris comme à Newry, si l'on osait s'en servir.

Dundalk est connue par sa manufacture de batiste. Elle est fameuse aussi par les combats sans nombre, livrés dans son voisinage. On ne peut se tourner d'aucun côté qu'on ne vous montre l'emplacement de quelque bataille: ce sont toujours des rebelles vaincus ou des rebelles vainqueurs; et en remontant plus loin, ce sont de petites querelles entre de petits seigneurs, qui n'ont pas même le prestige de ces grands noms historiques, qui seul en ferait peut-être endurer le récit, et ne vous inspire que le mépris pour la race humaine, si vile et si petite lorsqu'elle n'est point éclairée par la raison.

Drogheda.

4 septembre.

C'était un dimanche, et de Dundalk à Drogheda les routes étaient couvertes de paysans et paysannes, sautant, dansant et oubliant, dans une gaîté de saison, les fatigues de la semaine. On n'a pas ici la rigidité anglaise ni écossaise; chacun rit, chacun s'amuse. Le joueur de cornemuse, assis près d'une table où l'on dépose l'argent de chaque contredanse, invite chacun à choisir sa belle. Ces groupes pittoresques sont entourés de spectateurs à cheval, à pied, en voiture; les uns montés sur les arbres, les autres sur des tonneaux, ajoutent encore à l'effet de cette fête champêtre.

Les routes continuèrent d'offrir la même vie, le même tumulte jusqu'à Drogheda, placée sur le Bogue, et fameuse par la bataille de ce nom, entre Guillaume III et Jacques II. Cette ville est, comme la plupart des villes en Irlande, précédée et terminée par des faubourgs considérables, tous bâtis de ces mêmes espèces de huttes de boue, antres de la misère. Il y a, de quelque côté qu'on entre à Drogheda, une ligne de plus de cent de ces maisons, dont la plus splendide ne coûterait pas 15 francs à bâtir.

A la montagne de Bevrac, près de la ville, est un monument qui perpétue une vieille croyance. C'est une pierre bleue, plate et longue, en forme de bateau, qui passe pour avoir servi d'embarcation à S. Denis quand il se rendit en France par mer. On sait que le bienheureux S. Patrick s'était servi aussi dans son temps d'une semblable pierre comme bateau, pour transporter un lépreux que les matelots refusaient de recevoir à bord, lorsqu'après avoir été gardeur de pourceaux en Irlande, il venait d'être échangé pour un chaudron miraculeux qui refusait de bouillir.

Cette partie de l'Irlande est la terre aux miracles. Non loin de ce lieu est un endroit révéré, nommé le Puits de Saint-Jean. C'est une station pour les pèlerins pendant les cinq derniers jours du mois de juin.

Il y a en Irlande beaucoup de ces lieux fameux pour les pèlerinages, et mes lecteurs ne seront peut-être pas fâchés d'en connaître quelques-uns.

Croach Patrick est une haute montagne, ainsi appelée, dit-on, parce que c'est un des lieux que ce saint aimait à visiter. Elle est célèbre par ses stations. Les pèlerins arrivent au sommet, élevé de 1765 toises au-dessus du niveau de la mer, par un chemin d'un accès fort difficile, et grimpent ainsi à genoux sur le gravier de ce chemin.

La ville de Bal jouit aussi d'une grande réputation de sainteté, et est tous les ans visitée encore par des milliers de pèlerins qui doivent faire plusieurs fois, sur leurs genoux à nu, le tour d'une de ces tours rondes où les antiquaires prétendent qu'on entretenait le feu sacré de Baal. C'est ainsi que les Mahométans font sept fois à genoux le tour de la Kaaba. Une petite image de bois est placée sur un autel, et chacun paye quatre sous pour la baiser. Il y a peu d'années qu'un sergent montagnard écossais s'empara de l'image, voulant, dit-il, la porter dans son pays pour faire voir un des dieux des Irlandais. Le droit de faire baiser l'image, donne au prêtre du lieu un revenu assez grand, augmenté encore par la vente de bagues et d'amulettes qu'on appose sur l'image de bois, pour en recevoir une partie de sa vertu.

Le lac Derg, dit M. Deprison, a une petite île, fameuse par les pèlerinages et les dévotions superstitieuses qui s'y pratiquent. Autrefois cette île, ainsi qu'une autre île du lac, portait un petit monastère, fréquenté par les pèlerins. Auprès de la chapelle était l'antre redoutable appelé le purgatoire de S. Patrice, parce que, selon la tradition, au fond de l'antre s'ouvrait un gouffre qui communiquait avec le purgatoire. Depuis que S. Patrice avait produit ce miracle pour convaincre les incrédules de l'existence des peines de l'autre monde, on se purifiait de ses péchés par des épreuves longues et pénibles. La descente dans l'antre de Trophonius n'était pas plus effrayante et plus cérémonieuse que celle de l'antre du lac Derg. C'étaient les moines qui préparaient les pénitents à ces expiations mystérieuses, après s'être bien assurés de leurs intentions pieuses et de leur fermeté à envisager les horreurs du spectacle des damnés. Pendant huit jours ils leur faisaient faire des prières sur une dalle de marbre dans le lac, et des processions à pieds nus dans l'intérieur et au dehors de la chapelle, ainsi qu'autour et au dedans des cellules disséminées dans l'îlot, et autour d'une croix plantée dans le cimetière. Pendant ce temps on ne pouvait se nourrir que de pain et d'eau. Le neuvième jour, qui était le grand jour d'expiation et de pénitence, les pèlerins jeûnaient tout à fait, recevaient les Sacrements, et on les conduisait solennellement dans l'antre ou dans une des petites cellules destinées à cet objet. Les moines les y enfermaient, et ce n'était que vingt-quatre heures après qu'ils venaient les délivrer pour les conduire à l'église et achever la cérémonie de la purification. On dit que les pénitents avaient des visions étranges pendant leur réclusion. Il est probable que ces pratiques monacales sont très-anciennes; peut-être datent-elles du temps du druidisme; peut-être aussi quelque hasard les a-t-il transportées des pays orientaux et des premiers temps du christianisme dans l'Irlande. A la fin du quinzième siècle on ferma le purgatoire de S. Patrice, comme étant trop superstitieux; mais le peuple y tenait et les moines aussi; plus tard on le rouvrit. Waræus a donné, dans son ouvrage sur les antiquités de l'Irlande, le plan de l'îlot avec tous les monuments qu'il renfermait autrefois. On y voyait d'abord le petit monastère de Reigless, qui n'avait qu'un religieux, les autres habitant le monastère d'un autre îlot. La caverne du purgatoire paraissait artificielle, et n'avait qu'une lucarne pour recevoir un peu de jour ou de crépuscule. Auprès du purgatoire il y avait des rangées circulaires de pierres brutes que l'on appelait *lits*, et auxquelles on avait donné des noms de saints, mais qui probablement étaient plus anciens que les saints. Enfin, à l'extrémité de l'îlot on voyait de vieux tombeaux en pierres brutes. Cette dévotion n'a pas entièrement cessé : il y a encore des pèlerins qui se rendent de diverses parties de l'Irlande au lac Derg, pour se purifier ou pour purifier les âmes des autres; car lorsqu'on est riche, on se fait remplacer par quelque pauvre diable disposé à expier, moyennant un honnête salaire, les péchés de celui qui le paye. Le pénitent ou son substitut fait de trois à neuf fois le tour de l'île ou de la chapelle, en marmottant des prières; il jeûne, il se confesse, et au lieu de s'enfoncer dans un antre obscur, comme autrefois, et y attendre les visions, il se place sur l'une des pierres disposées par rangées en plein air. Dans la saison des pénitences, la plupart des pierres sont occupées par des dévots, dont le plus grand soin est de s'empêcher de s'endormir : si l'un d'eux succombe à la lassitude, il n'est pas rare qu'un voisin charitable le rende à la dévotion à coups d'épingles. Une rangée de ces dévots juchés sur de grosses pierres présente un coup d'œil assez étrange. Des ablutions faites dans le lac, de nouvelles prières et des confessions, enfin l'absolution d'un prêtre, terminent le pèlerinage ; et en quittant le lac Derg, le pénitent ou son mandataire n'a plus rien sur la conscience.

Mais de beaucoup le plus extraordinaire et le plus dangereux, et par conséquent le plus méritoire de ces pèlerinages, est celui du grand Skelig. Le grand Skelig est à environ neuf milles irlandais des îles Puffin, près de Killarney. C'est un roc isolé et environné de tous côtés de l'Océan. Dans le centre est une partie plus plate et cultivée d'environ trois arpents. Cette île est entourée de précipices inaccessibles et de projections hardies qui s'avancent au-dessus de la mer, rugissante de fureur à ses pieds. Il n'y a qu'un sentier étroit qui conduise au sommet, et l'abord en est si escarpé, si difficile et si effrayant, que peu de voyageurs osent s'y aventurer. Le débarquement n'est possible que sur deux points. Sur le plateau central de l'île, élevé encore cependant de plus de 150 pieds au-dessus du niveau de la mer, sont bâties plusieurs cellules, situées près des ruines d'une belle abbaye, et qu'on suppose avoir formé autant de chapelles. Autour des cellules on a élevé des croix de pierre, au pied desquelles les pèlerins doivent répéter un certain nombre de *Pater* et d'*Ave Maria*, suivant l'ordre de leur chapelet, avec une addition de prières adaptées à chaque station. Ces pieuses cérémonies étant terminées, il reste à atteindre le sommet du rocher; ce qui est extrêmement périlleux, le seul passage se trouvant dans une cavité qui ne ressemble pas mal au tuyau d'une cheminée. Après avoir rampé à travers cet étroit espace, on arrive à la plate-forme, large d'environ 18 pouces et dont les côtés inclinent sur l'Océan. De cette espèce d'isthme on monte à une station plus élevée en grimpant le long d'un rocher lisse et incliné, que l'obstacle presque insurmontable qu'il présente a fait surnommer la *Pierre des tourments*. Cette pyramide inclinée a environ 12 pieds de hauteur, et le péril qu'elle présente est vraiment étourdissant. Le moindre faux pas d'un côté ou de l'autre, précipiterait le pèlerin à plus de 300 pieds dans la mer qui l'environne. Une fois ce passage pénible accompli, le voyage jusqu'au sommet devient moins périlleux; là sont encore deux stations avec des croix de pierre. La première est appelée l'*Aire*, à cause de son immense élévation. La seconde station à visiter fait frémir d'horreur à la pensée des dangers immenses auxquels il faut s'exposer. Cette entreprise, dont l'idée seule donne des vertiges, est appelée tantôt le *Fuseau* et tantôt la *Broche*. La Broche ou le Fuseau est un long et étroit fragment de rocher, qui se projette du sommet de ce terrible précipice, et qui n'est accessible que par un passage de 18 pouces de largeur et d'une trentaine de pieds de longueur. Les pèlerins, mâles et femelles, enjambent le passage, et s'avancent ainsi à cheval sur la Broche ou Fuseau, jusqu'à ce qu'ils parviennent enfin à une croix de pierre taillée à l'extrémité. Là le pèlerin termine son vœu par de longues prières.

A quelque distance de Drogheda un pilier a été élevé sur le lieu où le roi Guillaume anéantit en bataille rangée les restes du pouvoir des Stuarts; c'est en voulant forcer le passage de la Boyne que les troupes de Jacques, abandonnées par leur chef, furent mises dans une déroute complète. Le roi détrôné se sauva en toute hâte à Dublin et s'y embarqua pour le continent, où il termina sa vie. L'obélisque élevé sur un rocher auprès du gué de la Boyne, a 100 pieds de haut, y compris son piédestal. Les prêtres anglicans prétendirent que Dieu avait donné la victoire à Guillaume, pour le récompenser de la piété qu'il avait manifestée en ne manquant point au sermon au village de Tullialan, malgré les apprêts de la bataille; Jacques était pourtant assez dévot pour mériter aussi une récompense.

A Swords, quelques milles plus loin, on voit encore, près des ruines d'un vieux château, une autre de ces tours rondes.

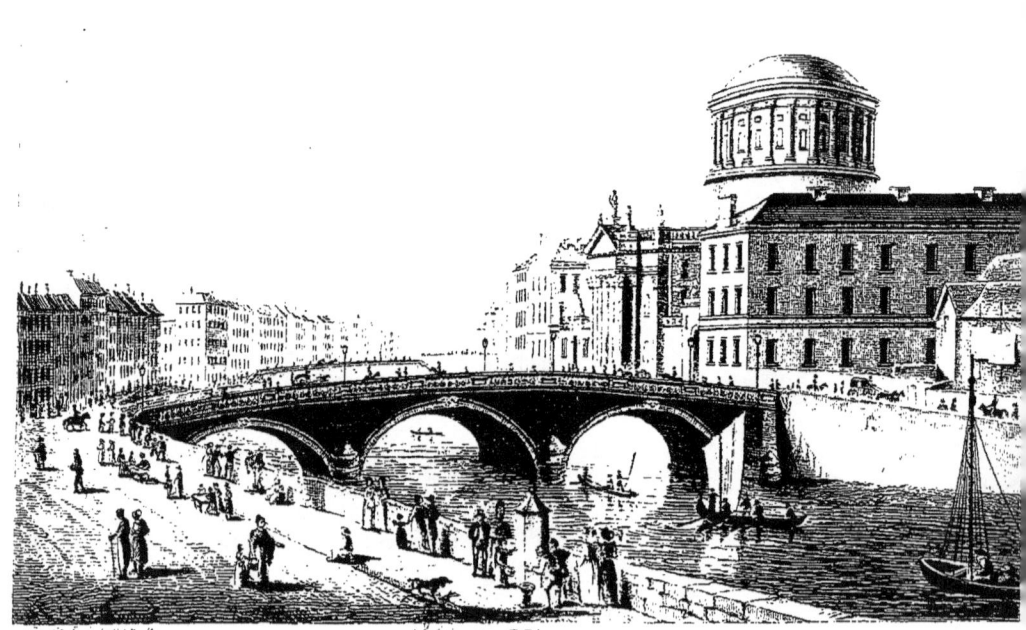

Dublin.

12 septembre.

L'approche de la capitale commence à se faire sentir. Les maisons de campagne sont plus nombreuses, quoique loin d'être comparables à celles des environs de Londres. La campagne semble mieux soignée. Au sud on aperçoit les montagnes élégantes de Wicklow, qui bornent l'horizon. A l'est, une petite île, appelée l'Œil de l'Irlande, produit un effet très-agréable. De temps à autre les mâts des vaisseaux de la rade de Howth viennent ajouter une nouvelle vie au paysage. Les tours nombreuses, bâties dans le but apparent de repousser les attaques des Français, usage pour lequel leur position les rendait inutiles, mais peut-être plutôt, comme les barrières de Paris, pour surveiller l'entrée des marchandises, ne servent plus aujourd'hui qu'à varier et embellir le paysage. Enfin, le tumulte d'une grande ville se fait entendre de loin et se rapproche peu à peu : déjà on est à Dublin.

Dublin est une des villes les plus grandes et les plus peuplées de l'Europe. Plusieurs causes ont contribué à cette nombreuse population : 1.° la situation de Dublin à l'entrée d'une baie magnifique, ce qui y attire un grand commerce ; 2.° le titre de capitale, qui y a fixé les tribunaux et les personnes attachées au gouvernement ; 3.° le Collége ; 4.° la résidence, qu'y faisait autrefois le Parlement.

La rivière Liffey, qui traverse la ville, contribue beaucoup à son embellissement et à sa salubrité, et fournit au commerce de grandes facilités, qui sont augmentées encore par deux canaux, le canal royal et le grand canal, placés des deux côtés de la ville. Cette rivière est, comme la Seine, encaissée dans de fort beaux quais, qui donnent à la ville une physionomie tout à fait différente des autres villes anglaises, et lui laissent beaucoup de traits de ressemblance avec Paris. En effet, lorsque du milieu de Carlisle-Bridge on tourne les yeux de tous côtés, et qu'on aperçoit ici la vaste rue de Sackville avec la colonne élevée à Nelson devant le bel hôtel des postes ; de ce côté le majestueux bâtiment de la douane et les nombreux vaisseaux qui couvrent la rivière, et à travers les mâts desquels on aperçoit une baie rivale de la baie de Naples; d'un autre côté une partie des bâtiments du Collége et de la Banque, et de toutes parts cette suite de quais et de ponts, entre lesquels se distingue, par son arche unique si hardie, le pont de fer élevé devant la cour de justice; on ne peut s'empêcher de concevoir une juste admiration pour un peuple qui, même au milieu des dissensions civiles auxquelles il a toujours été en proie, n'a cependant pas cessé de se livrer aux beaux-arts, avec un goût plus pur que ses voisins des deux autres royaumes.

Les édifices commerciaux attirent d'abord l'attention des voyageurs.

La Banque, qui était autrefois le palais où siégeaient les deux chambres du Parlement, peut être regardée comme un des beaux édifices de l'Europe; elle fut commencée en 1729 et finie en 1739.

La Douane, commencée en 1781 et finie en 1791, est placée sur un fort beau quai, et par son étendue et la pureté générale de son architecture, l'emporte de beaucoup sur celle de Londres et des autres villes de la Grande-Bretagne.

La Bourse est moins considérable de beaucoup, mais n'est cependant pas sans mérite : ses trois façades sont fort élégantes.

Le Café du commerce est une espèce de succursale de la Bourse. C'est là que se réunissent les négociants pour traiter des ventes et achats. Le rez-de-chaussée est consacré à un café qui est, je pense, le seul café sur un plan français. Peu de changements suffiraient pour le rendre aussi agréable et commode que nos cafés, dont on n'a pas la moindre idée à Londres. Dublin a beaucoup de traits de ressemblance avec Paris, depuis les cafés jusqu'aux musées, qu'il se glorifie, à notre exemple, d'ouvrir aux amateurs de la science.

L'Irlande ressemble plus à certaines provinces françaises qu'à l'Angleterre. Plus d'industrie, plus de cette culture si raffinée, et avec elles disparaît aussi la propreté anglaise. Les maisons et les rues ont un air sale, quoique, du reste, Dublin soit ornée d'une foule de beaux édifices, et que ses rues soient bien alignées. Le peuple est déguenillé, les gens comme il faut manquent d'élégance anglaise, tandis que le nombre de brillants uniformes, que l'on ne rencontre jamais à Londres, rappelle encore davantage le continent. Dans la m[...]re auberge de la capitale on trouve moins de comfort que dans la petite ville de Bangor en Angleterre.

Les grands traits du paysage, les montagnes de Wicklow qui bordent l'horizon, le cap de Howth, les masses de maisons construites en amphithéâtre, les quais, le port, sont fort beaux. Telle est du moins la première impression.

Je rencontrai un dandy de Londres de ma connaissance, qui rit beaucoup de ce que nous nous retrouvions dans un *si horrible lieu*. Il se livra pendant quelque temps à la critique de la société de Dublin, et finit par m'avouer que, grâce au crédit de sa famille, il venait d'y obtenir un emploi public, qui à la vérité lui rapportait plus de **2000** liv. sterl., et ne lui donnait rien à faire; mais qui l'obligeait, pour la forme, de passer quelques mois chaque année dans ce séjour *choquant* (*schoking*).

Dublin possède une médiocre statue équestre

de Guillaume d'Orange en costume romain, et une non moins médiocre statue colossale de Nelson, placée sur une haute colonne et en uniforme moderne d'amiral.

Le château, résidence du vice-roi, a des appartements de parade mesquinement meublés et à planchers grossiers. Une chapelle gothique moderne offre des vitraux peints en Italie dans le quinzième siècle, et de modernes sculptures en bois qui en valent presque d'anciennes. L'intérieur est chauffé par des conduits de chaleur, et un passage, chauffé de même et garni de tapis, communique avec la demeure du vice-roi.

Dans une ville grande et manufacturière on doit s'attendre à rencontrer une foule de familles pauvres, et Dublin renferme à elle seule plus de mendiants que toute l'Écosse n'en offrirait en vingt ans; je ne parlerai pas de l'Angleterre, qui en renferme une assez grande quantité, et qui en cela n'a le droit de rien reprocher à nos provinces et à notre capitale. On compte à Dublin plus de 10,000 mendiants. Ils inondent les rues, se trouvent à l'entrée et à la sortie de tous les lieux publics, et empoisonnent tous les plaisirs par le triste spectacle de la misère qu'ils exposent.

Si on n'a pu extirper la mendicité, du moins a-t-on fait beaucoup pour alléger ses maux. De même que Londres, qui en cela est de beaucoup supérieure à Paris, Dublin renferme une foule d'hôpitaux. Le plus beau de tous est l'hôpital de la Maternité. Plus de 2500 femmes y sont reçues annuellement, et pour subvenir aux frais de cette institution, on a fait heureusement servir la frivolité à la bienfaisance. On a planté le jardin qui dépend de l'hôpital en jardin de plaisance. Tous les jours on y réunit quelques musiciens, et, moyennant une certaine redevance, la bonne société, comme dans le parc de Bruxelles, s'y rassemble pour y respirer la fraîcheur et s'y promener.

Un autre hôpital attire aussi l'attention par les souvenirs qu'il rappelle, c'est celui fondé par Swift, sous le nom d'Hôpital de Saint-Patrick, pour recevoir les idiots et les maniaques. Swift est enterré dans l'église de Saint-Patrick, dont il était doyen. Sur son tombeau on lit l'inscription suivante :

HIC DEPOSITUM EST CORPUS
JONATHAN SWIFT S. T. P.
HUJUS ECCLESIÆ CATHEDRALIS
DECANI:
UBI SÆVA INDIGNATIO
ULTERIUS COR LACERARE NEQUIT.
ABI, VIATOR,
ET IMITARE, SI POTERIS,
STRENUUM PRO VIRILI LIBERTATE VINDICEM.
OBIIT ANNO 1745,
MENSIS (OCTOBRIS) DIE 19,
ÆTATIS ANNO 78.

En Irlande tout le monde est sectaire. Le parti dominant anglais ou d'Orange, est sectaire, parce qu'il n'est dominant qu'à l'aide d'une lutte; le parti catholique est sectaire, parce qu'il est persécuté. On ne peut, en vérité, concevoir l'immense distance qui sépare les uns des autres. Citoyens d'un même pays, l'intolérance du gouvernement les a rendus ennemis. Un protestant ne se servirait pas d'un catholique, même pour tapissier. Il y a peu de temps qu'un propriétaire, ayant besoin d'un maréchal ferrant, exigeait qu'il fût protestant, comme les professeurs de Cambridge, l'année dernière, repoussèrent de leur sein un homme savant, qui ne pouvait continuer à donner des leçons de botanique, dangereuses pour le monde, puisqu'il n'était pas de la religion établie. D'autres gouvernements ont suivi un autre système et s'en sont bien trouvés. Frédéric, protestant, conquit la Silésie et la laissa catholique, et son descendant aujourd'hui fonde, dans une même université, des chaires de théologie pour les deux sectes. Catherine fit distribuer 80,000 Corans à ses sujets mahométans, et tous vécurent tranquilles.

Sans cette pompe empruntée des cours et ces triomphes brillants sur elle-même, Dublin eût trouvé encore une richesse suffisante dans son commerce, ses cours de justice et ses universités. Édimbourg n'a que ces deux derniers avantages, et fleurit. Malheureusement l'université de Dublin est encore une imitation anglaise. Parce que les colléges d'Oxford et de Cambrigde avaient tels ou tels règlements, il a fallu successivement les adopter tous et n'y rien changer. Aussi, si cet établissement est bon comme collége classique, il est loin de l'être comme école spéciale des sciences. L'université de Dublin fut fondée sous Élisabeth en 1591.

Son école de chirurgie surtout est, dit-on, excellente.

Les bâtiments de l'Université renferment un muséum, un théâtre, une chapelle, une bibliothèque et un cabinet d'anatomie. Le Muséum, à l'exception d'une assez belle collection conchyliologique, offre peu de choses intéressantes pour les sciences. Semblable à ceux des autres universités anglaises, on dirait que c'est plutôt un objet de spéculation sur la bourse des visiteurs qu'une collection utile aux étudiants. On y montre un modèle de miroir ardent, à l'instar, suppose-t-on, de celui dont Archimède se servit pour incendier la flotte romaine; la harpe d'Ossian, morceau tout aussi authentique ; quelques fragments basaltiques de la chaussée des géants, etc.: les portraits de Swift et de Burke, dans la grande salle où se font les examens, intéressent davantage.

La Bibliothèque a été fondée par le fameux Usserius, le plus ancien des *fellows* de cette université. C'est une salle assez belle et assez vaste. Elle est ouverte aux étudiants, et elle m'a semblé tout aussi étendue qu'on peut le désirer pour un collége.

Le Cabinet d'anatomie renferme plusieurs objets assez curieux, entre autres le squelette d'un nommé Clarck, qui fut insensiblement ossifié pendant sa vie, et celui d'un homme d'une stature extraordinaire, nommé Magrath. Le fameux Berkley, dit-on, ayant voulu essayer s'il n'était pas au pouvoir de l'art d'ajouter à la taille humaine, fit des expériences chimiques sur ce malheureux jeune homme, et il réussit si bien, que, suivant l'histoire, le corps du jeune homme allait toujours s'allongeant, sans qu'on pût savoir où cela s'arrêterait, lorsqu'il mourut de vieillesse et de décrépitude à vingt ans. Berkley, semblable à notre Roelle, était original dans ses expériences. Il faillit une fois se pendre, pour mieux juger des sensations d'un homme qu'on pend.

Tous ceux qui, pendant ou après leurs cours, désirent s'appliquer plus particulièrement aux études médicales, trouvent des secours nombreux dans une institution d'une assez nouvelle date, le Collége royal des chirurgiens.

Si c'est au barreau qu'on se destine, il faut alors s'engager pour un certain nombre d'années chez un homme de loi, et se faire inscrire à ce qu'on appelle *King's Inn temple*. Un nombre limité d'années d'apprentissage, bien ou mal employées et sans aucune espèce d'examen, fait conférer le titre d'avocat. Si le nouvel avocat est un ignorant, le public ne l'emploie pas. La méthode des examens me semble préférable, en ce qu'elle offre une garantie au public et une recommandation au nouvel avocat. Cet examen, bien dirigé, pourrait tenir lieu de tout le reste. Qu'importe avec qui et chez qui on aurait étudié, si l'on apportait à son examen une connaissance approfondie du sujet dont on doit s'occuper?

Cette réunion d'institutions a dû, comme on voit, attirer un assez bon nombre d'hommes de lettres et de savants. De là la formation d'une société royale. La société royale renferme non-seulement des gens de lettres, mais aussi des gens qui par leur nom ou leur fortune peuvent leur prêter un appui.

Animée d'un noble amour des sciences, cette

société fait tous ses efforts pour leur donner plus de popularité. Avec une libéralité digne d'éloge, elle a fondé un muséum qui ne fait encore que commencer, planté un jardin de botanique, et ouvert des cours de minéralogie et de botanique vraiment publics, comme ceux de nos divers établissements en ce genre. Le Jardin botanique est fort beau. Il est situé à un mille de Dublin, près de Glassnevin. Une rivière coule au milieu, et la disposition naturelle du terrain laisse peu à désirer. La serre est fort bien entretenue et remplie de plantes rares. Il y a entre autres un *Arrecaria magna*, qui a déjà crû à une grande hauteur, et sera un jour un des plus beaux ornements de ce jardin. On aime, en se promenant dans le jardin botanique de Glassnevin, à tourner ses pas vers l'allée plantée par Addison, l'ingénieux et vertueux auteur du Spectateur.

Dublin est la seule ville de la Grande-Bretagne où on trouve cet esprit de libéralité. On y trouve même une bibliothèque publique, fondée par l'archevêque Marsh. On prétend qu'il n'est pas tout à fait si difficile d'obtenir d'y lire que dans les autres bibliothèques publiques d'Angleterre, celle du Musée britannique, par exemple. Je n'ai pas vu cette bibliothèque, attendu qu'on était au moment des vacances, et que le bibliothécaire avait emporté la clef dans sa poche à la campagne. Peu de personnes à Dublin connaissent l'emplacement de cette bibliothèque.

Quelques jours suffisent pour voir ce qu'il y a à visiter à Dublin. En monuments, la Cour de justice, la Banque, la Douane, la Poste, la Bourse, le Collége et la colonne Nelson; en promenades, le Parc du Phénix, au milieu duquel on a élevé une masse colossale en l'honneur de Wellington, les quais et les squares; tout cela est bientôt vu. Ce sont les hommes et non les choses qui demandent du temps pour les connaître, et il faudrait avoir passé plus de temps en Irlande que je ne l'ai fait, pour être à même de les apprécier.

J'aurais voulu assister à la foire de Donnybrook aux environs de Dublin, foire dont le prince Muskau a donné une description assez piquante. « Rien ne saurait être plus national. La misère, la malpropreté et le bruit égalaient partout la joie et la turbulence avec lesquelles on se livrait aux plaisirs les moins coûteux. Là je vis consommer des mets et des breuvages qui m'obligeaient à détourner promptement la tête, pour cacher le dégoût qu'ils me faisaient éprouver. La chaleur et la poussière, la foule et la mauvaise odeur, étaient vraiment insupportables; mais les Irlandais ne paraissaient pas même s'en apercevoir. Plusieurs centaines de tentes étaient dressées, aussi déloquetées que les personnes qui les remplissaient, et surmontées, en place de drapeaux, de chiffons de diverses couleurs. Il y en avait qui n'offraient pour enseigne qu'une croix et un cerceau; à l'une d'elles on avait même suspendu au-dessus de l'entrée un chat mort à moitié pourri. Au milieu de tout cela les farceurs les plus ignobles se démenaient sur leurs théâtres en plein vent, couverts de vieux oripeaux, et s'épuisant à chanter et à grimacer par la plus effroyable chaleur. Un tiers du public marchait d'un pas chancelant, ou était couché par terre complétement ivre; le reste mangeait, criait ou se battait. Les femmes se promenaient assises deux ou trois sur le même âne, et se frayaient péniblement un chemin à travers la foule, tout en fumant leurs cigarres et en agaçant leurs amoureux. Le tableau le plus ridicule fut celui que m'offrirent deux mendiants juchés sans selle sur un cheval maigre, qu'ils conduisaient avec une ficelle servant de bride. »

Vous retrouvez bien là le caractère irlandais, gai, spirituel et insouciant. On peut les appeler les *lazzaroni* de la Grande-Bretagne. Je me rappelle une comédie anglaise où le principal personnage est un domestique irlandais. Son maître, qui a le projet d'enlever une belle, lui demande, en l'engageant, s'il est décidé à faire tout ce qu'on exigera de lui. « Tout, répond l'Irlandais, tout ce que vous voudrez. Le matin je volerai pour vous une vache, et le soir je vous en ferai des beefsteaks. » Dans une autre occasion il dit : « Deux têtes valent toujours mieux qu'une; quand même la seconde ne serait qu'une tête de veau; car si la faim vous prend, vous pouvez la manger. »

A chaque pas dans les rues de Londres vous rencontrez un Irlandais qui vous demande l'aumône. A leurs manières et à leur prononciation, un étranger lui-même ne peut manquer de les reconnaître. Un écrivain moderne a dit : « Le mendiant anglais ne vous dit jamais que la même chose d'un ton traînant et plaintif: donnez à un pauvre homme un demi-sou! un demi-sou à un pauvre homme! Comme son collègue l'Irlandais est au contraire éloquent : ô votre Grâce, donnez-nous un penny, un cher petit penny! La seigneurie de votre honneur, et la bénédiction de Dieu sur votre enfant et votre petit-enfant! donnez-nous le petit penny, et puisse le Ciel vous accorder en retour une longue vie, une mort douce et un jugement miséricordieux! »

Kildare.

14 septembre.

Le voisinage de Dublin et le grand canal profitent à ce comté, dont le sol, généralement plat et uni, mais partiellement marécageux, nourrit et engraisse beaucoup de moutons; le vaste marais d'Allen coupe ce pays aux environs du grand canal, que traverse le Liffey, principale rivière du comté (ou plutôt le canal traverse le Liffey, en passant sur un pont aqueduc). La Boyne et le Barrow y prennent naissance. C'est surtout dans la grande plaine de Curragh que les bêtes à laine forment la première richesse des habitants, qui au reste sont peu nombreux.

Kildare n'est qu'une ville petite et laide. Dans l'histoire d'Irlande elle est devenue remarquable par le couvent de Sainte-Brigitte, qu'on appelait la Maison de feu (*fire-house*), parce qu'à l'instar des Vestales, les religieuses entretenaient un feu perpétuel. On assure que ce feu a brûlé pendant plusieurs siècles, et la crédulité ajoute que jamais les cendres de ce foyer toujours alimenté ne s'accumulaient. On ignore comment un précepte du culte de Vesta et un usage des Guèbres ont pu se conserver dans une communauté chrétienne d'Irlande. En 1220, l'archevêque de Dublin, scandalisé d'une coutume aussi païenne, fit éteindre le feu, que les bonnes religieuses avaient eu soin de conserver comme leur virginité. Il paraît que quand ce prélat, ennemi du feu perpétuel, ne fut plus, les nonnes, qui tenaient à leur antique foyer, osèrent le rallumer; seulement, pour n'avoir pas de nouveaux reproches de paganisme à essuyer, elles firent passer leur feu sacré pour un foyer destiné à chauffer les pèlerins et les voyageurs. Sous Henri VIII, enfin, on détruisit et le foyer et le monastère, et les vœux de virginité, et il ne reste que peu de ruines du séjour des Vestales modernes. Cependant les superstitieux continuent d'attacher des idées de vénération aux feux perpétuels. Le révérend J. Hall, qui a visité l'Irlande au commencement de ce siècle, parle d'un feu de tourbe qui brûlait depuis soixante-cinq ans, et auquel les paysans, dont le feu s'éteignait chez eux, venaient avec une sorte de respect le rallumer.

Galloway.

18 septembre.

Le Connaught est une partie sauvage de l'Irlande que les étrangers ne visitent jamais et les autres Irlandais eux-mêmes rarement. Une malédiction populaire est celle-ci : *Go to hell and Connaught* (allez au diable et en Connaught). De Dublin jusque-là la contrée est loin d'être belle. Pour tous arbres on ne rencontre que des sapins desséchés. Des marais et des tourbières s'étendent à perte de vue, et le bois de chêne que l'on trouve au fond se vend à des prix considérables pour en fabriquer des meubles de luxe; on en fait même des tabatières et des parures pour les dames. Le reste du sol est sablonneux ou humide, les prairies sont maigres; en revanche, la culture des tourbières réussit parfaitement. On commence par niveler le marais, et l'on taille en tourbes tout le terrain qui dépasse le niveau. Après cela on se met à brûler et à planter. Tous les marais paraissent être extrêmement profonds. Le blé sarrazin, les pommes de terre et l'avoine, sont ce que l'on cultive le plus. Les cabanes des habitants sont plus misérables qu'on ne le peut dire, jusqu'aux environs de Tuam, où la nature reprend quelque beauté, et où l'horizon se pare de montagnes bleuâtres, célèbres par plus d'une aventure merveilleuse.

Galloway a été construite principalement par des Espagnols, et quelques descendants des familles primitives existent encore, ainsi que plusieurs maisons remarquables de cette époque. Il est assez triste de voir une ville de 40,000 habitants sans un seul libraire, ni cabinet de lecture. Les faubourgs, comme tous les villages par lesquels j'ai passé, sont d'une saleté dont on ne peut donner d'idée. Des étables à cochons sont des palais comparées à ces maisons ; et des groupes nombreux d'enfants (car la fécondité des Irlandais paraît égale à leur misère), nus comme le bon Dieu les a faits, jouent dans les ruisseaux avec les canards.

Les courses de Galloway offrent un spectacle fort remarquable dans son genre, et bien digne d'une nation à demi sauvage. Écoutez la description qu'en a donnée le prince Muskau. « La carrière présente un cercle allongé ; la course commence par le côté gauche, le but est placé au côté opposé. Entre ces deux points sont élevés deux murs de pierres entassées sans ciment, de cinq pieds de haut et de deux pieds d'épaisseur. La carrière, qui a deux milles anglais de tour, doit se parcourir une fois et demie. Dans chaque course le premier mur doit être franchi deux fois et le second une fois. Le concours a lieu entre un grand nombre de chevaux; mais, pour remporter le prix, il faut que le même cheval ait gagné deux fois; il faut par conséquent qu'il fasse trois, quatre, cinq fois le tour de la carrière, s'il ne regagne pas immédiatement. Aujourd'hui on a couru quatre fois, de sorte que le cheval gagnant a été obligé, dans l'espace de moins de deux heures, y compris les intervalles, de faire au pas de course douze milles anglais, et de franchir douze fois le mur, fatigue dont sur le continent on ne croirait aucun cheval capable. Les chevaux étaient montés par six gentlemen dans un costume de jockei très-élégant, avec des jaquettes et des bonnets de soie, des culottes de peau et des bottes à revers. Dans une course, un cheval, heurtant une pierre qu'un autre cheval avait fait tomber du mur, et que la règle n'avait pas permis d'enlever du sol, s'abattit, et le cavalier eut la poitrine et le crâne brisés; les médecins déclarèrent les blessures mortelles. Au dernier saut, un autre cheval, épuisé de fatigue, tomba, emportant avec lui la moitié du mur et écrasant la jambe de son cavalier. »

Les chevaux de chasse en Irlande ne sont peut-être pas aussi prompts que les meilleurs chevaux anglais, mais sont des sauteurs incomparables, et on les exerce à cela dès la jeunesse. Ils approchent d'un mur avec la plus grande tranquillité, après quoi ils sautent en étendant leurs pieds de devant et de derrière à la fois, à la manière des chiens. S'il se trouve en outre un fossé de l'autre côté du mur, ils le franchissent également, en prenant un nouvel élan de leurs pieds de derrière sur le haut du mur.

Dans une visite à Castle-Hacket, montagne isolée et, selon la tradition, hantée par les fées, un vieillard raconta au prince Muskau de quelle manière il avait perdu son fils. « Je savais, me dit-il, quatre jours auparavant qu'il devait mourir; car en rentrant chez moi, je les avais vues (les fées) traverser la plaine avec la rapidité de l'éclair. Leurs robes rouges flottaient au vent; à leur approche les lacs se couvrirent de glace, les murailles et les arbres s'inclinèrent jusqu'à terre, et elles passèrent par-dessus les taillis comme si c'eût été des pelouses de gazon. La reine était la première, montée sur un cheval qui ressemblait à un cerf, et à côté d'elle je vis avec effroi mon fils, à qui elle souriait d'un air confiant, tandis qu'il la regardait avec les yeux les plus amoureux du monde. Bientôt tout disparut sur les hauteurs de Castle-Hacket. A cette vue je compris que c'en était fait de mon fils! Ce jour-là même il se mit au lit, et trois jours après je le déposai dans la terre. Dans tout le Connaught il n'y avait pas de plus beau ni de meilleur jeune homme; aussi est-ce pour cela que la reine l'a choisi. »

Près du lac Corrib on visite la Grotte des pigeons. Elle est située au milieu d'un champ sans arbres, qui, quoique uni, est couvert d'une espèce toute particulière de rochers calcaires, entre lesquels le peu de terre végétale qu'il y a, ne produit qu'avec peine de maigres pâturages. L'ouverture est semblable à un large et sombre puits. Un escalier de trente à quarante marches, grossièrement taillé dans le roc, conduit au bord d'un ruisseau souterrain, qui coule pendant assez longtemps au sein de voûtes aux formes étranges, et paraît ensuite à la lumière pour faire tourner un moulin. Bientôt après il s'enfonce de nouveau dans les entrailles de la terre pour en ressortir plus loin, large et limpide, après quoi il se perd dans le lac.

Près de la grotte habite une *dame du lac*, à qui le seigneur du lieu a affermé, pour quatre livres sterling par an, le droit de montrer la grotte aux étrangers. Nous avions descendu l'escalier, et nous nous trouvions sur les bords du ruisseau, dont nous entendions le murmure sans l'apercevoir, nos yeux n'étant pas encore accoutumés à l'obscurité du lieu, lorsque la sorcière s'approcha de nous. C'était le vrai type des sorcières qu'a peintes Walter Scott : stature gigantesque, les épaules couvertes d'un manteau rouge, de longs cheveux blancs flottant au vent et une torche allumée dans chaque main. La vieille prit, l'une après l'autre, plusieurs bottes de paille, et, prononçant certaines paroles mystiques, les jeta tout allumées sur le ruisseau. L'incendie glissait rapidement sur l'eau, éclairant tour à tour de nouvelles grottes et des stalactites aux formes étranges, jusqu'à ce qu'enfin, réduit à de faibles étincelles, il disparaissait dans l'éloignement.

Dans un endroit où le jour descend faiblement, on voit du lierre et des plantes rampantes retomber des rochers en festons et en guirlandes. Là s'abritent d'innombrables pigeons sauvages, qui ont donné leur nom à la grotte. La superstition populaire ne permet pas de les inquiéter.

La majestueuse masse d'eau du Corrib est parsemée, dit-on, d'autant d'îles qu'il y a de jours dans l'année : c'est du moins la tradition du pays, peu de voyageurs ont sans doute l'envie d'en vérifier l'exactitude. De deux côtés le lac est encaissé par les montagnes du Connamara. Les ruines d'une antique abbaye font sur l'un de ses bords un assez bel effet. L'intérieur des ruines en Irlande sert assez fréquemment de cimetière; et quand vient à manquer l'espace, le fossoyeur met au jour les vieux ossements pour faire place aux nouvelles dépouilles humaines. Les enfants trouvent plaisir à ranger en pyramides les crânes et les débris des squelettes; circonstance qui change la plupart des ruines en hideux charniers.

La Vallée des sept églises.

20 septembre.

De Galloway je vins rejoindre le Shannon à Banagher. J'étais bien aise de visiter dans le voisinage de la petite ville de Birr la vallée des sept églises.

La tradition raconte que dans cette vallée existait, il y a plus de mille ans, une ville avec sept églises, et que cette ville fut détruite par les Danois. Sept ruines isolées sont, au dire du peuple, les restes des lieux saints qui donnent à la vallée son nom. Une seule de ces ruines porte évidemment le caractère d'une ancienne église. Elle est remarquable par une de ces singulières tours rondes qui se trouvent sur différents points de l'Irlande. Un peu plus loin on rencontre deux sombres lacs et une solitude des plus effroyable, qui jadis servit, dit-on, de retraite à un saint qui fuyait l'amour d'une princesse. Le pieux personnage se nommait S. Cavin. Il préféra une petite caverne bien noire à un somptueux palais. Non loin de là on remarque dans un rocher une fente étroite et profonde, qui a fourni aussi matière aux narrateurs. Le jeune géant Fian-Mac-Combal, voulant, dit-on, donner à ses camarades, qui ne le croyaient pas assez fort pour les suivre à la guerre, une preuve de sa vigueur, fendit ce rocher avec son épée.

Aujourd'hui encore bien des pèlerins accourent à ces ruines sacrées. On y porte les corps morts, pour que les âmes aient moins à souffrir en purgatoire; on veille auprès de leurs tombes dans une cabane solitaire. Le vendredi saint des milliers de dévots viennent prier pour leurs parents et amis défunts. Quelques-uns, non contents de la prière, y joignent une pratique encore plus efficace, assurent-ils: c'est de faire sur leurs deux genoux le tour d'une source dont l'eau passe pour rendre la vue aux aveugles, la force aux impotents.

On m'apprend que ce n'est pas seulement dans cette vallée, mais bien dans toute l'Irlande, comme aussi dans beaucoup de lieux de l'Écosse et du pays de Galles, que l'usage de veiller les morts en grande compagnie s'est maintenu. Afin de se tenir éveillé, on boit force rasades, quelquefois même on danse, et c'est le plus proche parent qui ouvre le bal.

Limerick.

23 septembre.

Limerick est la troisième ville d'Irlande, ville antique et vénérable, ornée d'églises gothiques et de châteaux ruinés que la mousse recouvre; avec des rues sombres et étroites, et des maisons qui datent de siècles divers; un large fleuve qui la traverse dans toute sa longueur, et sur lequel sont jetés plusieurs ponts d'une architecture ancienne; enfin, des marchés bien fréquentés et d'agréables maisons.

La cathédrale est un très-ancien édifice, qui ressemble plus à une forteresse qu'à une église, d'une architecture aussi solide que rude, mais imposante par sa masse. Dans l'intérieur on conserve des bancs âgés de cinq cents ans, admirablement sculptés en bois exhumé des tourbières, et que le temps a rendu noir comme l'ébène. Le tombeau de Thomond, ancien roi d'Ultonie et de Limerick, quoique gâté par des additions modernes, est resté cependant un monument d'un grand intérêt. Les descendants de Thomond existent encore sous le titre modeste de marquis. Sur le bord du Shannon on visite un rocher où, après la bataille de la Boyne, fut signé le traité avec l'Angleterre, traité pour lequel cette dernière a montré si peu de respect.

Pour vous donner une idée du degré de civilisation où l'on est parvenu dans ces parages, je vous raconterai l'anecdocte suivante :

Au mois de décembre 1833, un schooner, *la Ville de Limerick*, qui faisait d'habitude le commerce entre Limerick et Londres, est battu par une violente tempête, et échoue dans les sables de Ballybunion à l'embouchure du Shannon sur la côte du comté de Kerry. Quelques centaines de paysans groupés sur tous les points élevés de la côte, avaient suivi avidement des yeux le navire dans sa lutte contre la fureur du vent et de la marée. A peine fut-il échoué, qu'ils se précipitèrent vers la plage où devaient arriver les débris. Capitaine, contre-maître, matelots, l'équipage entier parvint à se sauver, mais un autre danger les attendait. Ces bandes de paysans sauvages les entourent; le capitaine est frappé et renversé. Il avait soustrait aux flots quelques effets, on les lui arrache. Le contre-maître portait une montre, on la lui prend; jusqu'au plus pauvre des matelots est battu et fouillé. Enfin arrivent en petit nombre des gardes-côtes qui se mettent en devoir de protéger du pillage les débris de la cargaison; car le navire s'était entr'ouvert, et à chaque instant la mer jetait sur la plage quelque barrique de whiskey, que les misérables couraient défoncer. Les gardes-côtes, après avoir essayé de rétablir l'ordre, se décident à faire feu; un homme est tué. Cette circonstance et l'ivresse, qui a été toujours croissante, exaspèrent les esprits, on se jette sur les gardes-côtes, qui sont obligés de fuir pour mettre leur vie en sûreté. Le pillage alors s'organise avec une impudence incroyable. Chacun s'arme d'outils, scies, haches, marteaux, et fait son ouverture dans le pont du navire pour en extraire tout ce qui tombe sous sa main: bœuf, porc, lard, beurre, whiskey. Chacun charge cheval ou chariot, et conduit tranquillement sa proie à sa demeure. Çà et là cependant, et dans la fange de la grève demeuraient étendus des demi-cadavres gorgés de whiskey bu à même les barriques; pour plusieurs, la mort fut le prix de leur brutale intempérance. Cette scène se prolongea jusqu'au lendemain matin, heure à laquelle se rendit sur les lieux le magistrat de Kerry, accompagné d'une force armée suffisante. Il était un peu tard; car de toute la cargaison il ne restait alors que neuf barriques de whiskey et soixante barils de beurre.

Killarney.

25 septembre.

L'affluence des voyageurs donne à la riante ville de Killarney une élégance presque anglaise, et en revanche des prix à l'avenant. Toutes les îles du lac, même la plus petite, qui n'a que quelques toises de longueur et qu'on appelle la Souris, sont couvertes d'arbousiers et d'autres arbres toujours verts, qui y croissent spontanément, et dont les fleurs et les fruits étalent, hiver comme été, leurs brillantes couleurs. Plusieurs de ces îles offrent des formes aussi étranges que les noms qu'on leur a donnés. Presque toujours ce nom se rapporte au célèbre O'Donnohue. L'une est le cheval blanc d'O'Donnohue; une autre, sa bibliothèque, son colombier ou son parterre, etc.

Cet O'Donnohue, raconte le prince Muskau d'après la tradition du pays, était le chef d'un clan qui habitait une ville grande et riche sur le sol que couvre aujourd'hui le lac. Là tout était en abondance, à l'exception de l'eau. La ville ne possédait qu'une seule source; un puissant enchanteur l'avait fait jaillir un jour à la prière d'une belle vierge; mais il avait en même temps prévenu que l'on eût à ne pas oublier de la fermer chaque soir avec un couvercle d'argent, dont il faisait cadeau pour cet usage. Le couvercle était d'une forme étrange, avec des ornements bizarres et bien assortis à son origine merveilleuse.

Cependant O'Donnohue, chef puissant et hardi, et qui en outre passait pour esprit fort, crut pouvoir plaisanter sur l'histoire de l'origine de la source, qu'il traita de conte ridicule. Un jour, au sortir d'une orgie, la tête un peu échauffée, il ordonna, au grand effroi des assistants, que le grand couvercle d'argent fût apporté chez lui, son intention étant, disait-il, de prendre un bain dans une baignoire neuve. Toutes les représentations furent inutiles, O'Donnohue était accoutumé à se faire obéir; les serviteurs, tremblants et les larmes aux yeux, lui apportèrent enfin le pesant couvercle. « Soyez tranquilles, leur dit-il en riant, la fraîcheur de la nuit rendra l'eau d'autant meilleure, et demain vous la trouverez plus agréable à boire. » Mais ceux qui se trouvaient placés le plus près du couvercle, se détournèrent avec horreur; car ils voyaient les caractères magiques tracés à la surface s'agiter et se rouler les uns sur les autres, tandis qu'un gémissement plaintif se faisait entendre. Ce fut donc dans une grande inquiétude qu'ils se retirèrent pour gagner leur lit. Un seul eut l'heureuse idée de s'enfuir dans les montagnes. Le jour suivant que devint-il, lorsque, jetant ses yeux sur la vallée, il acquit la certitude que la ville et un terrain immense avaient disparu sous les eaux? La petite source non couverte avait produit un vaste lac. D'un autre côté O'Donnohue avait dit vrai : l'eau en était devenue plus fraîche, et il avait pris un bain dans une baignoire neuve.

Aujourd'hui, quand le temps est parfaitement calme, les pêcheurs du lac prétendent reconnaître encore au fond de ces eaux de hautes tours et de magnifiques palais. Une tempête est-elle sur le point d'éclater, l'un d'eux ne manque jamais de voir le fantôme gigantesque d'O'Donnohue, qui parcourt le lac sur son grand cheval blanc, ou sillonne les flots dans une barque enchantée.

Kenmare.

28 septembre.

Le prince Muskau visita le célèbre O'Connel, qui habitait alors un château situé aux environs de Kenmare, dans la partie peut-être la plus pittoresque de l'Irlande. « Daniel O'Connel, dit-il, est doué d'un extérieur prévenant; sa physionomie offre un mélange de bonté spirituelle, de prudence et de fermeté. Il a peut-être plus de persuasion que de véritable éloquence, et l'on remarque souvent dans ses paroles trop d'intention et de manières; ce qui n'empêche pas de suivre avec un vif intérêt la force de ses arguments, de contempler avec plaisir sa tournure martiale et de rire de ses saillies. Il est de fait qu'il ressemble beaucoup plus à un officier de Napoléon qu'à un avocat de Dublin. Cette ressemblance devient d'autant plus frappante qu'il parle parfaitement le français, ayant été élevé dans les colléges des jésuites de Douai et de Saint-Omer. Sa famille est ancienne, et a sans doute joué autrefois un rôle considérable dans le pays. Ses amis soutiennent même qu'il descend des anciens rois de Kerry, et il n'y a pas de doute que cette circonstance n'augmente considérablement son influence sur le peuple. Il m'a même raconté, non sans intention de se faire valoir, qu'un de ses cousins, le comte O'Connel, était cordon rouge en France; un autre, baron en Autriche, général et chambellan de l'empereur; mais que c'était lui qui était le chef de la famille. Autant que j'ai pu le voir, toutes les personnes qui étaient chez lui éprouvaient en sa présence un enthousiasme presque religieux. Il a reçu de la nature le don, si important pour un chef de parti, d'un superbe organe, joint à d'excellents poumons et à une constitution vigoureuse. Son esprit est prompt et pénétrant, et ses connaissances assez étendues, même en dehors de sa profession. Avec cela, comme je l'ai déjà dit, ses formes sont agréables et populaires, quoique un peu théâtrales; et à côté d'une très-haute opinion de lui-même, il a un peu de ce que les Anglais appellent *vulgarity* (manque d'usage). Mais où trouver un tableau sans ombres?

« Je vis encore là, ajoute le prince Muskau, un autre homme intéressant, chef comme lui des catholiques, mais travaillant plus dans l'ombre. Il s'appelait le père Lestrange, moine irlandais et confesseur d'O'Connel. On peut le regarder comme le fondateur de cette association catholique dont on s'est tant moquée en Angleterre, et qui pourtant, par une force pour ainsi dire négative, par une activité déployée en secret, et par l'organisation et l'instruction graduelle du peuple dans un certain but, a obtenu sur lui une autorité sans bornes qui ressemble presque à la hiérarchie du moyen âge.

« Je vis, dit-il plus loin, O'Connel, comme un chef de peuplade, sur la terrasse de son château, entouré de ses vassaux et d'autres gens du peuple, dont les uns venaient chercher des instructions pour leur conduite, tandis qu'il rendait la justice aux autres; ce qui ne lui est pas difficile, étant jurisconsulte. Mais d'ailleurs personne ne se permettait d'appeler de ses décisions. O'Connel et le pape sont ici également infaillibles. Aussi n'existe-t-il pas de procès dans ses domaines, et ce pouvoir ne s'étend pas seulement sur ses propres fermiers, mais même, à ce que je crois, sur toute la contrée des environs. »

Cork.

30 septembre.

Cork est bâtie dans un profond ravin sur le bord de la mer et dans un site très-pittoresque. Elle est d'une architecture ancienne, et qui le paraît davantage encore par la toiture originale de beaucoup de maisons, où les ardoises sont disposées de manière à imiter les écailles d'un poisson. Deux nouvelles prisons, celle de la ville et celle du comté, la première dans le style grec, l'autre dans le style gothique, sont de magnifiques édifices : le second ressemble à une grande forteresse. Voilà de ces présents dont l'administration anglaise est libérale envers l'Irlande, surtout en les faisant construire aux frais des indigènes.

La vente et les salaisons de viande sont pour la ville de Cork, comme pour tous les ports de l'Irlande, un objet important de commerce. Aussi ce commerce est-il soumis à une législation spéciale. Les bœufs destinés à l'engrais doivent avoir quatre ans, et ne peuvent être achetés à la distance de plus de quatorze de nos lieues d'une foire. L'abattage des bestiaux

Cork.

se fait surtout en novembre et décembre. Une fois le bétail dépecé en morceaux de quatre à douze livres, les saleurs s'en emparent, et par une préparation fort simple mettent la viande en état de voyager jusque dans l'Inde. Des hommes robustes, armés de gantelets garnis de fer, frottent de sel les morceaux et les entassent ensuite dans des tonneaux d'une capacité prescrite. Au bout de dix ou douze jours on rouvre les tonneaux pour couvrir la viande d'un nouveau sel. Vingt-deux tonneaux de sel sont nécessaires pour saler vingt tonneaux de viande.

On sale également les peaux pour les exporter dans les pays qui ont de grandes tanneries; l'Irlande même n'en tanne qu'une faible partie. On sale aussi, pour les envois aux Indes, les tripes et le cœur. Les boyaux s'exportent pour Livourne, les vessies pour la Hollande et l'Écosse; les cornes vont jusqu'en Afrique.

Cashel. — Holy-Cross.

1.er octobre.

Le rocher de Cashel est avec l'abbaye d'Holy-Cross une des choses qu'il faut absolument visiter en Irlande. Le rocher est entièrement isolé au milieu de la plaine. Ce qu'il y a d'étrange, c'est qu'en jetant les yeux sur une des montagnes à l'horizon, on reconnaît à la crête de cette montagne une brèche correspondante en largeur à la grosseur du rocher. Aussi la légende assure-t-elle que la brèche est un coup de dent donné par le diable à la montagne, en dépit de ce qu'une âme qu'il transportait en enfer lui était échappée. Traversant ensuite la plaine des environs de Cashel, il y avait craché le morceau gardé jusqu'alors dans sa bouche. Plus tard Mac-O'Mack, roi et archevêque de Cashel, construisit sur le rocher un château et une chapelle, qui existent encore dans un état surprenant de conservation. Au douzième siècle on y ajouta une église et une abbaye. L'ensemble forme aujourd'hui la ruine la plus magnifique, et celle où l'on peut le mieux étudier l'architecture gothique. En face de l'église est une statue mutilée de S. Patrick sur un piédestal de granit.

La ruine d'Holy-Cross est la digne rivale de celle du rocher du diable. Située dans une vallée sur les bords de la Suir, elle est ensevelie dans des arbres touffus et tellement recouverte de lierre, que souvent on a peine à distinguer le mur. La croix élevée, la seule partie qui reste encore debout de l'abbaye, disparaît presque complétement sous ce voile naturel. Dans l'intérieur on voit plusieurs magnifiques plafonds cintrés, le beau tombeau de Donough O'Brien, roi de Limerick, qui construisit l'abbaye au commencement du onzième siècle, et un baldaquin en pierre d'une rare beauté, sous lequel les corps des abbés étaient exposés après leur mort; le tout si bien conservé, qu'il serait très-facile de lui donner l'air d'être neuf.

Kilkenny. — Waterford.

2 octobre.

La ville de Kilkenny se vante de quatre choses : air sans brouillards, eau sans boue, feu sans fumée et rues de marbre. Les rues, en effet, sont pavées d'une espèce de marbre noir du pays, qui prend bien le poli et forme un assez joli coup d'œil quand il se trouve entremêlé avec le granit blanc; et la houille est d'une qualité telle qu'elle se consume sans donner beaucoup de fumée; mais les deux autres prétentions à un air sans brouillards et à une eau sans boue, ne me semblent pas extrêmement fondées en raison. Cela dépend probablement des saisons. Il peut se faire que les brouillards et les boues n'y soient que périodiques. Ce serait un avantage de plus que Kilkenny aurait sur Londres et sur Paris. Cette ville a de plus un collége fort ancien et qui jouit d'une fort bonne réputation. Enfin, à tout prendre, elle est peut-être une des plus agréables de l'Irlande; elle est renommée dans le pays pour la politesse remarquable de ses habitants. Le fait est que Kilkenny est une ville d'origine française. La physionomie animée, la taille, le teint, les cheveux, la coupe ovale de la figure, tout y est français. C'est une chose vraiment étonnante que ces traits caractéristiques nationaux, qui se perpétuent même dans un pays étranger après une longue suite de générations. Dans la baronie de Forth, près du port de Wexford, on trouve les restes d'une ancienne colonie anglaise, et les habitants ont conservé leurs manières, leurs coutumes, leur langue, et se sont presque continuellement alliés entre eux, sans se mêler et se confondre jamais avec les indigènes. Dans le comté de Donegal on reconnaît la physionomie espagnole, près de là, la physionomie biscayenne, et dans le comté de la Reine (Queenscounty), tout indique encore une origine française.

Waterford est une ville d'une trentaine de mille âmes sur la Suire, qui, réunie à quatre milles de là au Barrow, forme un grand bassin, où s'arrêtent les bâtiments d'un fort tonnage. On fait ici un grand commerce avec Terre-Neuve.

Demain je m'embarquerai pour l'Angleterre et pour Bath, que je connais déjà. Je gagnerai rapidement Londres, et de là ma douce patrie, cette France à laquelle on revient toujours avec tant de plaisir, et qu'on retrouve chaque fois plus belle.

TABLE.

	Pages.
1.er août. — Une promenade dans le pays de Galles.	1
4 août. — Quelques traditions galloises	33
5 août. — Entrée en Écosse	47
9 août. — Édimbourg	52
10 août. — Holy-Rood.	56
11 août. — Le Sanctuaire d'Holy-Rood	67
12 août. — La vieille ville. — Le château. — La nouvelle ville.	75
14 août. — Leith.	92
15 août. — Tribu d'anthropophages. — Walter Scott. — Le directeur du théâtre calédonien..	94
17 août. — Inverkeiting. — Le lac Leven. — Kinross. — Perth.	106
18 août. — Dunkeld.	118
19 août. — Les Highlands. — Les îles Hébrides. — Orcades. — Schetlands.	121
20 août. — Lac Tay. — Lac Earne. — L'auberge des Stuarts. — Lac Katterine. — Lac Lomond.	150
23 août. — Dunbarton. — Lac Long. — Glasgow. — Kilmarnoch. — Machline. — Gretna-Green	173
25 août. — Un thé complet. — Mœurs de la bourgeoisie écossaise	191
28 août. — L'île de Man. — Belfast	197
29 août. — Antrim. — Bogs. — Ballymena.	203

	Pages.
30 août. — Village moravien. — Tours rondes.	209
31 août. — Coleraine. — Pêche du saumon. — Château de Dunluce. — Cave de Dunkerry. — Port-Coon.	211
1.er septembre. — Chaussée des géants. — Carrick-a-Raid. — Balycastle. — Retour à Belfast.	220
2 septembre. — Lisburn. — Newry. — Dundalk.	230
4 septembre. — Drogheda.	235
12 septembre. — Dublin.	245
14 septembre. — Kildare.	262
18 septembre. — Galloway.	264
20 septembre. — La Vallée des sept églises.	272
23 septembre. — Limerick.	274
25 septembre. — Killarney.	278
28 septembre. — Kenmare.	281
30 septembre. — Cork.	284
1.er octobre. — Cashel. — Holy-Cross.	286
2 octobre. — Kilkenny. — Waterford.	288

www.ingramcontent.com/pod-product-compliance
Lightning Source LLC
Chambersburg PA
CBHW071601170426
43196CB00033B/1509